Absorvência

Prosa poética de

António Almas

Se houver uma vida para lá desta, seguramente o meu espírito será um pássaro, de asas abertas, navegando nos céus à descoberta.

Se para lá do corpo existir uma Alma, será certamente navio voando sobre as ondas, de velas abertas ao vento.

Se conseguires ouvir-me quando me lês em silêncio, é porque estas palavras têm vida e te dão alento.

Ficha técnica

Título: Absorvência

Autor: António Almas

Edição: Edição Própria de António J. F. Almas

    Apartado 111

    7160-999 EC Vila Viçosa

    edicao.propria@gmail.com

Design e Paginação: António Almas

Impressão: P.O.D.

ISBN: 978-989-96808-6-9

Depósito Legal: 380094/14

Vila Viçosa, 4 de Outubro de 2014

Todos os direitos reservados de acordo com a legislação em vigor.

Absorvência

Sabes, há em mim uma necessidade premente de sentir a corrente da tua alma. Como se a pele precisasse de beber água da chuva, como se a boca sedenta tivesse de lavar os lábios gretados pela febre. Há em mim uma vontade constante de absorver a tua alma, da fundir na minha como a calma de quem aprecia o fim do dia. Neste pedaço de lugar-comum que partilhamos, nesta saudade de que sempre nos alimentamos, nasce um fluxo de luz que ilumina para lá dos confins de um universo desconhecido. É por ti que escrevo, que faço do meu silêncio as letras que não ouso pronunciar. É por ti que clamo, quando dormes, quando não me ouves e por outros caminhos vais. Mas... Em todos os meus sentidos sigo a sombra do teu corpo, como vento que atrás de ti se enrola, como vontade de ser apenas um corpo, um grito, um desejo.

Escuta-me, ouve as minhas preces, lê os meus textos, que como orações te buscam, te pedem e te veneram. Faz o milagre de te fazeres constante e presente em mim, como fé que não me abala, como silêncio que em mim fala.

Absorvência

Na essência da alma descobrimos a profundidade dum amor incomensurável. Neste lago etéreo de sentidos fazemos a nossa dimensão desmedida, expandindo-nos como estrelas em fim de vida. O brilho dos nossos voláteis corpos inflama-se e ardemos, na suavidade duma chama azul de amor. Não somos mais as crianças que brincávamos por entre as flores. Não somos mais os adolescentes que falavam de amores, hoje somos frutos maduros, duma árvore à muito plantada, somos muito mais que uma simples rajada, somos vento constante que a alma acalenta, que a esperança espreita e espera, pelo momento certo em que o amor nos há-de tocar, com as mãos dos corpos que vestimos, com tudo aquilo que sabemos, sentimos. Neste dia iluminado pelo Sol, deixo a minha alma voar, para em teu corpo me deitar.

Absorvência

É na alma que carrego o teu destino. Esta vontade de ser o teu infinito. O lugar onde habitam todos os teus sentidos. Nesta imensidão onde a distância não passa de um instante, onde a vontade de conhecer profundamente a tua essência me leva a caminhar incessantemente no deserto da minha imaginação. Escuto o teu pranto, mas também escuto o teu encanto, o desejo de ser apenas e só, um simples mortal. Há um momento em que divago por entre a minha solidão, em que descubro nos braços a impotência de voar, de ser ar e poder entender a fragrância que em mim te trás. Sabes, às vezes não acredito na etérea vontade do teu destino, não creio na magia que produzo, e deixo que a alma feche as cortinas, que fique escuro.

Absorvência

Por vezes gostava de ser brisa, ou pássaro, ter a capacidade de seguir livremente as correntes de ar. Queria poder deambular como folha caduca nas ventanias do Outono, queria ser folha solta que paira nos braços do ar. Sentir com profundidade a carícia levantar-me do chão, arrastar-me com ela por essa imensidão. Seria fantástico descrever espirais de prazer enrolado apenas no vento, um bailado, uma dança clássica, que tomasse todo céu, como salão imenso onde os corpos voláteis fossem apenas e só, vento.

Saberia para onde ir, o que procurar nas minhas derivas, veria o mundo do alto, estaria mais perto do Sol, seria pássaro migratório, ou apenas pétala de flor que se desprendeu para ir pousar no colo teu. Esta liberdade de viajar, permitiria nunca parar, continuar, indefinidamente o meu caminhar, na estrada desta atmosfera, em passeio pela estratosfera. É assim que me sinto quando o vento vem meu rosto acariciar, quando a música faz minha alma dançar, e as saudades de ser, muito mais do

Absorvência

que sou, me levam nas asas deste sonhar, por aí, deambular. Se eu pudesse ser ar, poderia eternamente amar.

Sinto o vento que contorna as paredes da alma, parece que quer varrer as poeiras acumuladas pelo tempo, limpar o soalho envelhecido pelos passos perdidos. É como se todas as janelas deste imenso lugar estivessem abertas, depois dum longo período fechadas. Sinto a corrente fria, que trespassa a sala, que invade cada recanto deste lugar onde me escondo. Tenho frio, preciso com urgência fechar o espaço, quero de novo ficar isolado. Se me enclausurar sobre o meu espírito, posso repousar as asas, deixar este corpo etéreo permanecer sentado num canto pouco iluminado. Preciso deste silêncio para poder enfrentar o caos dos dias, preciso da minha própria ausência nas manhãs frias.
Um dia desperto, abro os olhos e vejo que outro anjo vem caminhando, na direcção em que me sento. Sei que

Absorvência

virás, que meu rosto alegrarás e minhas mãos tomarás. Elevo-me e pairo já, não toco o frio chão, encontro-me num momento de levitação. É um sonho, és um sonho! Todos nós sonhamos, mas tu fazes-me subir à atmosfera, fazes-me cheirar a eterna Primavera.

Nas notas que o vento me trás, sinto cada tom, cada melodia, como se me fosse íntima. Este ritmo compassado com que me escreves, a forma como descreves a minha alma, faz-me verso de canção, oferece-me a eternidade nas letras que depois se me soltam das mãos, como folhas em ramos virgens. A força dos sentidos é uma corrente oceânica que me percorre, sinto os fluxos moverem-se como sangue em minhas veias, nos desfiladeiros do corpo agitam-se as águas que em vagas tumultuosas salpicam teu rosto efémero. Sabes, esta magia feita com as letras inventadas pela caneta, são o fluir dessa torrente que se vem espraiar nos nossos corpos. Há reflexos de prazer quando essas vagas descem a colina da alma para estremecer o corpo,

Absorvência

arrepiando a pele e deixando-o à mercê de outro espasmo, de outro sentido pelas palavras acordado.

É neste mar que mergulho a minha alma, é nesta água cálida que banho os meus sentidos, é nesta calma paixão que percorro o tempo, sentindo-o na ponta dos dedos, como prosa inacabada que no teu corpo deito. E, no meu silêncio, sou a nostalgia, a saudade e a melancolia, mas, sou igualmente a paixão, o desejo, a vontade do teu beijo.

Queria de volta as asas que guardei no armário secreto da minha existência. Queria neste silêncio apenas seguir os teus passos, resguardado na invisibilidade de um anjo que protege o teu destino. E no pôr-do-sol ficar sentado, mergulhado no silêncio repleto de palavras que esvoaçam pelo ar. Hoje queria ser de novo a tua protecção, a voz que te fala no eco da mente, quando pensas, quando escolhes os caminhos que queres trilhar. Queria ser a tua alma, no derradeiro momento de pesar cada vontade, cada escolha acertada. Ser etéreo é

Absorvência

bem mais intenso que ser corpo, é bem mais profundo que ser tudo, sendo assim nada, mas estando em cada detalhe desse teu caminho. Não ambiciono a eternidade, apenas a presença constante que meu corpo não te pode dar. Ser vento seria tocar-te apenas um momento, ser ar, seria apenas reflexo de um inspirar, ser anjo da tua guarda seria contigo sempre poder estar. Afinal não nos tocamos, não existo na realidade ambígua que afasta os corpos dos destinos já traçados, então, que seja algo que sempre possa seguir contigo, que seja apenas aquele amigo, que cuida e protege a tua alma.
Hoje só queria ser o teu anjo da guarda.

Absorvência

Para além dos limites do meramente real, quotidiano, rotineiro, há um mundo fluido de energias a que me entrego. Nesse mar, mergulho a alma, nesse éter, filtro os sentidos, dispo o corpo e envergo o espírito. Os sons propagam-se nas nuvens ondulantes do incenso já queimado, oscilando entre as melodias que prolongam a minha capacidade de me expandir, de preencher cada detalhe do vazio, para onda deste fluido.

Absorvência

Na infância dos sentidos, tudo é agitado, acelerado, numa constante ebulição, como rio apertado entre margens, em quedas de cascatas. Depois, refinamos os gostos e descobrimos prazeres, degustamos emoções e aprendemos a ler, em cada momento, as mensagens que cada um deles nos aporta. Atingir a fluidez, é um caminho constante em direcções ambíguas que parecem não nos levar a lado nenhum, mas, é preciso deduzir a essência, perceber que o fundamental de nós é alma, é energia que escorre e transborda das cascatas do corpo. Tudo o resto são adjectivos, mas é no verbo que descobrimos os fundamentos daquilo que realmente somos. Por isso não temo a palavra, pois é dela minha alma.

Envolvo-me nas asas que protegem a minha alma, elas são um manto, uma concha onde me guardo dos ventos frios do norte. Elas são resquícios do teu etéreo corpo, reminiscências de um tempo em que fomos apenas um

Absorvência

único vulto. Sentado no silêncio desta maré, deixo as águas banharem meus pés, na frequência das ondas que me vêm beijar. Esta melodia que se propaga na superfície ondulada do mar, é a vibração que faz compassar o ritmo da minha vida. Não é fácil deambular na noite, por entre vielas escuras e vazias, na constante procura de rastos de ti. Estas vagas que me assolam na loucura dos dias em que pacientemente aguardo pelo colapso da luz para poder brilhar.
Visito-te, no âmago do teu quarto, vejo teus olhos fechados que oscilam em sonhos por mim inventados. Vejo teu barco, e inflo tua vela para que não fique parado no meio do nada, e tu, sentes na brisa da tarde, o anúncio da minha chegada, do meio do nada, na tua noite.

Ando à deriva nos caminhos perdidos dos tempos, deixo fluir os sentidos como penas de ave que esvoaçam na

Absorvência

brisa que vem dos mares. Sinto a força mágica da floresta que me chama, que me atrai para o verde dos seus pensamentos. O céu azul é um lago pleno de sentidos onde quero mergulhar. As minhas asas cansadas estendem-se em todas as direcções do infinito, e num ínfimo espaço de tempo sou pássaro sem destino. Sinto a leveza da alma que no ténue equilíbrio do vento me afaga o corpo gelado, a pele arrepiada pelos sentimentos que lavram fundo a terra de que sou feito. Espero-te Primavera, para que me tragas o abraço cálido, o afago terno, o brilho imaculado da madrugada que acorda a minha Noite. Quero ver-te de novo em flor, no resplandecente fulgor da tua imensa beleza, no perfume inebriante das tuas pétalas que são gotas de luz que resplandecem em mim. Sei que virás, que em mim te alojarás até ao tórrido Verão, para fazeres nascer a semente que guardo no meu âmago incandescente.

Absorvência

É madrugada e o meu corpo inerte perde-se no silêncio frio da Noite. Aqui dentro, no mais profundo recanto da minha alma, mantenho acesas a fogueira da eternidade, chama quente que acolhe o vazio das paredes. Sou um quadro por terminar, uma pintura inacabada que teus dedos imaculados deixaram suspensa no tempo, pendurada desta parede nua em que me suspendo. Sabes, guardo ainda as marcas das tuas mãos no meu corpo despido, as curvas da tinta fresca que sobre minha pele depositaste um dia. Quieto, deixo o meu rosto impávido, repousar sobre o mar onde me deitaste, aguardo a maré para que possa nela flutuar como gôndola. Todos os dias te vejo passar, frente a este quadro por acabar, nesta sala onde todas as tardes para mim vens ler, escuto a tua voz, vislumbro a tua silhueta e só isso já me dá prazer. Seremos eternamente ligados, entre pincéis e cor, eu, quadro, tu, autor.

Absorvência

Aqui, de onde estou, observo o teu caminho, percebo o teu destino e olho-te com o brilho da Noite que te conduz. Não há escuridão quando nos guiamos com os olhos da alma, o reflexo das estrelas é senda que perseguimos nesta estrada que não vemos, mas sentimos. Sou teu companheiro de caminhada, aquele com quem falas quando não dizes nada. Sou as tuas pegadas, o ar que te envolve, quando na tua inspiração me consomes. No teu silêncio sou a melodia, a luz que te alumia quando o vazio te quer cegar. Sabes onde estou, qual o caminho para a mim chegar, a oração que juntos vamos orar, a certeza que em algum ponto da caminhada nos vamos encontrar, cara a cara, olhos nos olhos, como dois transeuntes que se cruzam e se sentem sem nunca se tocar.

Ouve-me, sente a força das palavras, lê-me, sente a intensidade dos parágrafos que te escrevo, percebe a mensagem que te deixo e veste com ela a tua alma. Nunca estarás só, porque eu serei a tua pele, a tua voz, quando a garganta te doa, quando a magoa em ti ecoa. Serei igualmente a tua lágrima, que no pranto te resvala,

Absorvência

que na solidão te afoga. Não te sintas só, porque em ti habita a minha voz.

Espero pela Noite, aguardo pela penumbra na escuridão do quarto onde me abrigo. No silêncio escrevo a história da tua alma, no abraço, cubro-te com as asas da eternidade. Espero-te, no vazio, nesses íntimo espaço onde somos apenas ar. Aguardo a presença da tua força cósmica, para construir a centelha que há-de iluminar o agora. Nas interjeições das nossas palavras, preenchemos tudo, inflamamos o vento, cruzamos céus, mergulhamos em Invernos que acalentamos com o fulgor da vontade de ser poetas da eternidade.
No ocaso dos dias, descarto o corpo com o desejo de ser de novo anjo, de poder voar, solto pelos céu, caminhar sobre o mar e pregar à brisa o meu canto, sentimento de amor que propago, encanto que guardo nas palavras que não digo e escrevo. Um dia vou

regressar, aquele sagrado lugar, onde a floresta encontra um pedaço de mar. Quero repousar no meio da natureza, deixar o corpo voltar às suas origem e a alma caminhar por entre as suaves brisas, nas asas dos pássaros, nas folhagens viçosas do castanheiro. Um dia quero regressar a casa, beber da água da montanha, inspirar o ar puro que a acompanha. Um dia hei-de voltar a ti.

Transporto a palavra, a mensagem de quem me trouxe até este lugar. Sou o mensageiro, aquele que fala em nome de outro, que pronuncia o que lhe foi dito, que escreve o que já foi sentido. Não sou nada mais que uma folha de papel, pedaço em branco sem existência que apenas carrega a cor da tinta que alguém em mim imprimiu. Sou o silêncio, porque não falo com a minha voz, sou o anjo porque não sou salvador, apenas protector, apenas o que fala em nome de outro Senhor. Este não é o meu caminho, mas o trilho que percorro,

Absorvência

instigado pelo objectivo de atingir o meu Olimpo, o meu lugar, no meio da eternidade. Este não é o meu destino, mas o daqueles que me escutam, que me seguem, que me lêem. Das palavras aço os sentidos que se propagam por tantos destinos, por tantas almas que, como a minha, são gotas de luz no escuro e frio universo do quotidiano. Não temais a Noite porque ela vos dá as estrelas que vos hão-de conduzir ao destino, não temais a luz porque ela é a porta para vos salvar da cruz, para vos libertar do fardo dos dias, que carregais junto comigo até ao infinito horizonte da nossa existência. Acreditai que atingiremos o apogeu da alma, quando todo o nosso corpo for apenas e só os sentidos que carregamos em nós.

Absorvência

É manhã e o orvalho ainda pende das folhas acabadas de acordar, o Sol, espera por raiar no horizonte do nosso mundo. Esta noite não dormi, tu sabes que não durmo

Absorvência

de noite, que ando por aí, divagando por entre as estrelas que salpicam o céu escuro. Faço visitas, de noite posso voar sem que outros vejam a cor das minhas asas ao luar. Tu acordas com a frescura de quem sonhou toda a noite, o brilho ofuscante dos teus olhos é farol que ilumina o meu corpo cansado. Perguntas-me onde andei, e eu falo-te das viagens, dos sonhos que criei, das paisagens que tingi de cores luxuriantes, sorris, e perguntas-me quando me retiro, quando decido definitivamente descansar as minhas asas. Eu digo-te que não controlo a imaginação, que há tantas almas por iluminar que não posso parar. -Ainda não terminei a minha missão, deves compreender minha querida que é preciso distribuir esperança.

Sei que ficas triste ao ver-me partir, mas nunca te esqueças que vives neste lugar porque te escolhi para viveres em mim. Um dia serei libertado deste fardo, nesse instante ganharemos a eternidade.

Há um pedaço de Terra, lá bem para o meio do mar, onde as flores são perfumadas e a vegetação é vívida e exuberante. Há um pedaço de silêncio, lá bem para o

Absorvência

meio das palavras, onde os verbos se conjugam como melodias celestiais. Na extemporânea saudade de saber onde encontrar cada letra, mergulho profundamente na procura das frases que se enleiam nas minhas pernas como algas, florestas do mar, que meu corpo teimam em abraçar. No lirismo desta canção de embalar há um mundo inteiro, cheio de cheiros de mar, há uma floresta tropical onde as aves vêem pernoitar. O Sol que se põe do outro lado do lago é o reflexo do sentido que dou a tudo aquilo que invento, o brilho ofuscante que cerra os meus olhos, na hora em que me deixo levar pelas brisas deste imenso mar.

Procuro a intimidade, um espaço reservado, lugar nunca por ninguém encontrado, onde possa guardar estas letras, como se guardam num livro quando fechamos sobre os escritos as suas páginas. Não, não quero ser lido, não na nudez imatura dos meus pensamentos, na fugaz loucura de meus devaneios, quero apenas ficar quieto, na praia deserta, neste pedaço de Terra, lá bem para o meio do mar. Quisera ser brisa, poder soprar a tua face como carícia, perceber o brilho dos teus olhos, e

Absorvência

secar as lágrimas que resvalam em teu rosto. Quisera perceber o tacto, o contacto da pele macia do teu corpo, quisera que me inspirasses, que pudesse descer até à tua alma, ver-te por dentro, como se fosses uma estrela no meu firmamento. Quisera ser magia, brilhar de noite e de dia, como centelha, como pequenas faíscas que se soltam duma qualquer varinha de condão, quisera ser o teu chão, para que pudesse sentir os teus pés, o peso do teu corpo sobre mim. Mas não sou nada do que me invento, sou por vezes sou um breve lamento, um silêncio oco, revestido de palavras, essas com magia, como se fossem uma perfeita alegoria que enfeita os teus dias. Não sou brisa, sou apenas folha, povoada de histórias, de contos e notas que escrevo na euforia dos sentidos, é assim que te toco. Quisera ser tanto e sou tão pouco.

A confluência dos nossos rios, abre-se ao mar como encontro esperado, história escrita no ar. Neste passado comum, em que fomos trilho, caminho, desejo de dois seres num, é a estrada que já percorremos, na ancestralidade das nossas almas, nas viagens que por tantos universos fizemos. Sabes, já tenho saudades de voltar a voar, de sentir de novo o vento afagar-me as penas das asas, de deambular sem destino pelo ar. Não imaginas a vontade que tenho de desprender-me deste corpo, libertar-me do peso desta atmosfera venenosa que todos os dias respiro. Quero ir ter contigo, resgatar-te das garras do teu inferno, quero lutar de novo contra as forças que devoram a luz, quero voltar a ser mago, druida, alquimista, que na sua vontade de te descobrir, te seduz. Quero ser tocha ardente na noite escura, estrela cadente no firmamento, Noite infinita que com seu mato cobre teu corpo esbelto.

Um dia voltaremos a ser brisa e tormenta, Sol e Lua, amanhecer e anoitecer, beijo meu em tua face nua.

Absorvência

Neste caminho para o infinito descobri que não precisava de caminhar de dia para ser visto, descobri que mesmo na Noite, reflicto o meu pensar, o meu sentido, e todo o caminho se preenche de luz, é ele que me conduz. Quando somos capazes de nos libertar dos nossos traumas, dos nossos fantasmas, das nossas obsessões, ganhamos um novo sentido, a capacidade de adivinhar o caminho no escuro, de saber para onde queremos ir, como lá chegar. É preciso acreditar que ao próximo passo o terreno é firme e livre de obstáculos, só assim veremos a luz ténue que ilumina a Noite escura. Neste azul etéreo, a natureza desperta e olha-nos como elementos duma cadeia infindável de vida, esta espiral é a escada que nos transporta ao cimo do nosso Olimpo.

Absorvência

Consigo entender agora porque sou vento, porque sou chuva e Sol ao mesmo tempo. Consigo entender porque te acordo, porque te desperto, mesmo quando dormes profundamente em teu sono. Hoje sei que apesar desta aparência humana, sou sobretudo alma, espírito que esvoaça, que te acolhe a abraça. Compreendo agora os meus desígnios, os caminhos que trilho, e porque sempre estou sentado à tua cabeceira quando adormeces. Sou apenas humano para que me vejas, para que me olhes e percebas que não sou apenas o som do vento forte que ao atravessar as árvores te faz parecer ouvir vozes. O corpo existe como prova, para que a luz do Sol lhe bata e reflicta a existência e ao mesmo tempo a transparência daquilo que te faço sentir. É por isso que existo como Homem, para que em mim creias, porque me viste.

Deleito-me nas letras que as estrelas compõem no céu quando a Noite se veste com o alfabeto dos teus

Absorvência

desejos. Sei ler-te mesmo daqui, deste lugar distante onde o negrume da escuridão se polvilha com as frases da tua ilusão. Sei dizer-te, mesmo sem falar, as frases que queres escutar, como se fosse uma melodia que eu estive a cantar. Tu sabes quais são os versos que mais pronuncio, as profecias que mais profetizo, até as luxúrias que mais consumo quando o fogo se veste de carmim, e o teu corpo soltas para vir até mim. Há detalhes que fazem desta estrada iluminada um caminho bom para trilhar. Os pássaros acompanham-nos e as árvores seguem o nosso caminhar. Não tenho como me perder nesta Noite, porque é a luz que me alumia, e é teu o reflexo que paira no ar. Esse perfume, que conheço das flores, é essência de amores neste destino encantado, nesta nossa Noite, com este céu estrelado. Hoje fico aqui, sentado, a ver-te dançar no ar, ao ritmo das constelações, guardo em mim os teus desejos, as tuas ilusões.

Absorvência

Precisaria muito mais do teu silêncio, daquele que se preserva num beijo, ou na pluma leve desta asa que desprendo. Precisaria muito mais que do tempo, para ser alento, chama que ilumina a Noite escura. Precisaria de um braço enrolado ao meu corpo, como laço que me suspende da corda imaginada do teu ventre. Sabes bem do que precisaria o meu olhar, do reflexo do luar que alumiaria todo espaço em nosso redor. Sabes que a palavra é o vão da escada por onde subo aos céu, a letra o pecado que não escrevo, intuo, e nele me sento para que não se descubra o que guardo cá dentro, para ti. Tu sabes o que significa para mim a suficiência da tua própria essência, esse agradável vazio que preenches de sonhos quando em mim dormes. Não precisaria de mais nada se teu corpo no meu corpo nascesse para todo o sempre.

Absorvência

A nostalgia é um estado de espírito em que deixamos a alma dependente de um passado que já seguiu por outra estrada. Esta letargia deixa-nos envolvidos, enfaixados, não permitindo que possamos voar, caminhar, ir a qualquer lugar. A saudade dilacera-nos, fazendo o corpo contorcer-se de dor e desespero, enquanto percebemos que o que já tivemos nunca foi nosso, foi apenas um momento em que nos cruzamos com a alegria de sorrir, de partilhar e sentir a felicidade que se atravessou no nosso caminho. Se andarmos em linha recta, haverá sempre muitos momentos em que esta ziguezagueante alegria nos atravessará, não tentemos segurá-la porque ela é verdadeiramente livre, não poderemos aprisioná-la, apenas almejar voltar a cruzá-la.

Absorvência

Carrego ainda nas asas a humidade do ar. A Noite fria guarda em mim as vontades de ser pássaro, os desejos de ser vento. Não sei porque vim, arrastado pela corrente, de corpo ausente, seguindo o curso deste infinito. Não sei porque sou, o que sou, e porque existo, serei filho deste vazio? Obra deste destino que a mim traçou? Sei que atravesso os espaços, como raio que antecipa o trovão, aguardando pelo som que estilhaçará o silêncio, a solidão. Guardo-te, como quem vela o sono, como se fosse a tua sombra, que a todos os lados te conduz. Sei que esta luz encandeia o teu olhar, mas ao mesmo tempo, também te faz sonhar. Estou aqui, sentado no canto do teu quarto, enrolado no meu corpo, esperando pelo dia. Tu dormes profundamente, envolta na tua própria vida.

Absorvência

Adoraria ser capaz de encher de luzes a tua escuridão, de poder soprar-te ao ouvido aquela canção. Queria poder escrever no negro da Noite com traços de fogo tudo aquilo que sinto, que sonho. Gostaria de reproduzir as essências que invento na ausência forçada do teu corpo. A alma que me habita tem variantes que desconheces, tons que nunca viste, aromas que nunca saboreaste. É preciso abstrair-se do corpo, concatenar toda a energia no fluxo interior do espírito para abrir a porta mágica que conduz ao caminho da luz, onde as sombras estão impossibilitadas de se reflectir, onde apenas a energia pode fluir. Tu sabes por onde ir, embora não entendas como tão facilmente o podes fazer. Não é rodando o manípulo que se abre a porta, é sendo capaz de fundir-se com a matéria da mesma que descobrirás por entre os átomos os caminhos que te trarão a mim.

Absorvência

Preciso fechar-me de novo. Guardar em mim os segredos, os mistérios. Não posso andar por aí, embrenhado na multidão, deixando que se esvaía a energia em conversas fúteis que não servem os propósitos ancestrais de refinar, de apurar e purificar as essências. Esqueci-me dos mais fracos, daqueles que efectivamente precisam de apoio, dos que todos os dias sofrem a ausência da força, a quem a palavra importa.

Preciso voltar a mim, regressar às origens para beber da fonte o elixir que me permitirá ver de novo, sentir com acuidade aqueles que na ausência sentem a necessidade. Nesta Noite, adormecido entre mil destinos, deitado sobre os corpos sucumbidos, grito alto, estendo a mão, para que possa receber a bênção dos tempos, para que possa meu corpo reerguer, preciso renascer.

Absorvência

Sei por onde começar a procurar o regresso a casa, sei onde fica a esquina que me leva à travessa que percorre o mundo dos meus ínfimos espaços. Quero voltar, quero voar, ser volátil como um relâmpago, resvalar como a chuva nas folhas da árvore. Quero ser selvagem, instintivo, intuitivo, quero recuperar os meus sentidos. Na brisa do vento, quero ser apenas um pensamento, uma ténue imagem sem rosto que segue viajem pelos sonhos, pelos corpos. Percebe-me quando digo que não quero estar aqui, quando murmuro as palavras que não me pertencem, tu sabes que se te destinam, apenas não entendes que o mensageiro não é importante, que só a mensagem deve ser ouvida. O papel é apenas o suporte que transporta as letras, elas são o sentido que o Escritor lhes ofereceu, é a essa mensagem que devemos estar atentos.

Absorvência

Escrever-te-ia mil livros, rios de letras que jorrassem como folhas das prateleiras do meu imaginário. Seria como o vento, por teus cabelos esvoaçando, como o Sol que tocasse tua pele mudando-lhe o tom. Tantas coisas poderia ser, tantos sonhos poderia ter, mas, não seriam mais que isso, mundos inventados pelo fértil puder de criar, pela força que sem sair do chão me faz voar, te faz sonhar.

Questiono-me se vale a pena deixar a mente como uma folha estendida à brisa, que a leva para qualquer lugar, sem o chão tocar. Seria melhor ser alguém convencional, que dorme noites a fio sem acordar? Não sei responder-me, não sei dizer-te porque nascem aqui milhões de letras que em turbilhões se afunilam para percorrerem galáxias de mundos diversos, onde encontro tudo aquilo que te escrevo, tudo aquilo que te descrevo na folha branca de um sono teu, repleto de sonhos meus.

Absorvência

Na leve brisa recebo as notas de uma música há muito esquecida. Conheço bem o perfume do ar, e por ele deixo-me abraçar, como se quisesse o corpo imolar e a alma libertar aos seus desígnios. É quase Noite, momento que me acolhe, que me tolhe como corrente quebrada de um elo, liberto-me voo em direcção ao céu, para pairar por entre as moléculas de espaço, para ser nuvem em teu regaço. A translúcida matéria que te forma, dá-me a sensação de que és um precioso cristal que quero guardar. Algo frágil que sustento nas mãos, que protejo do turbilhão de um quotidiano que aos poucos te faz soçobrar. Afinal sou eu que te trago as boas novas, sou eu o mensageiro que te traz as notícias porque esperas, e que guardas nas cartas dobradas que te escrevo nas linhas do vento. Shiuu, já estou aqui, aconchega-te a mim, abraça-me o corpo etéreo e deixa-te dormir. Podes sonhar, em minhas asas pegar e partir para o infinito desse teu mundo, onde tudo é simplicidade e beleza, onde o amor faz parte da natureza. Boa Noite, um sono descansado!

Esta Noite atrevi-me por caminhos desconhecidos, cruzei-me com gente estranha em vielas escusas onde a luz era parda como o negrume. Senti na palma da minha mão pela primeira vez em muitos séculos o calor do punho da minha espada, tomei-lhe o balanço. Houve um regresso ao lugar ancestral, sabia de cor os trilhos, hoje

Absorvência

ruas, estradas, outrora apenas veredas. O teu perfume ainda flutua nas brisas por todas estas épocas, como se tivesses acabado de passar minutos antes de mim. Envolto no lusco-fusco, o meu capuz oculta-me a face, deixando-me ao anonimato desta travessia. Não quero que se recordem do meu rosto, muito menos da magia que envolve a força das palavras que digo, por isso sigo apenas pelas veredas do silêncio. Quando chegar, terás a certeza de que soube regressar àquele lugar onde sempre tiveste a paciência para me aguardar.

No silêncio das letras deixo que a música seja apenas um pequeno distúrbio de ar que agita os meus sentidos. Sei das cores que povoam as almas brancas, iluminadas pelos raios de um Sol multicolor, a percepção da oscilação do vento é vaga de mar ausente, que na praia branca da tua imaculada pele se espraia. Este prazer pelas palavras não ditas, suavemente escritas em trechos menores, inflamados pelos sentidos que uma

Absorvência

calma melodia embala, é vontade de estar em todos os lugares, de ser ave perdida em céus de azul. À noite, aquela Noite que sempre envolve de mistérios os dedos que tocam o corpo, fico preso às estrelas que iluminam os salpicos que as cristas das minhas ondas soltam ao arrastar-se pelo mar imenso do teu ser. Há um silêncio agradável que compartilhamos, quando lemos, quando meditamos, quando sentimos esse tal vento, que como brisa nos percorre em pleno.

É no gosto do ar que provo o sabor das essências, é ele que me guia nas derivações dos sentidos, é com ele que escrevo nos espaços vazios. A sequência dos mundos que habito preenche todas as cores do branco, na sombra ficou pálido, no escuro floresço como estrela em plena queda. Na Noite sou poema, nas letras deixo os trilhos onde a erva não cresce para que as almas passem sem se perder na floresta dos murmúrios. Sabeis como encontrar nas asas do meu voar o abraço apertado com que vos recebo. Nos meus lamentos deixais rolar as vossas lágrimas e na euforia dos meus dias deixais florir vossas plantas. Por isso estou aqui, neste espaço infinito, esperando que bateis à minha porta, que escuteis as minhas letras que como companheiras vos seguirão. Um dia serei eco e repetir-me-ei em cada obstáculo do vosso caminho, seguirdes em frente que eu vos suportarei.

As portas por onde passa a alma são estreitas fisgas que guardam cada universo, portais do tempo onde fluem os sentidos com que te invento. Não sou profeta, nem deus, apenas uma energia que flui nos teus sonhos, uma imagem pálida da luz que habita as tuas dimensões. As minhas letras são vozes que se propagam no vazio inconsciente dos teus dias e a minha voz é uma melodia que se inventa em cada nota tocada. Não devemos extrair a essência ao que amamos, sobe pena de obtermos algo insípido, desprovido de sentidos que pode

Absorvência

ser tudo, ou será já nada, porque lhe roubamos o melhor. Deixa-me ficar, guardado para sempre nessa caixa secreta, onde guardas os escritos mais sagrados, deixa-me ser o perfume que emana da tua pele quando adormeces, ser o brilho da tua aura invisível. Só assim não deixarei de estar presente quando me queiras. O corpo é vago e perecível, a eternidade está naquilo que guardas, não naquilo que tocas.

Precisaria de sulcar os mares, de mergulhar nos seus sentidos, para perceber quanto de mim neles está perdido. Seria necessário voar, vestir as asas e saltar do precipício da vida, para poder entender o vácuo como alimento que me sustenta. Deixar pairar a música, como sinfonia incompleta do destino, que me leva e trás como lenho abandonado na corrente do rio. Esta viajem seria desígnio, caminho já traçado que me indicaria por onde pisar o chão, por onde sulcar o mar, por onde riscar o céu. Era importante que o meu voo não fosse apenas o

Absorvência

de um pássaro na deriva da vida, teria de levar-me para lá dos limites da atmosfera, deixar-me sair desta placenta que me aperta, para cruzar o infinito.

Sabes, quero apenas voar!

Põe-se o dia no contorno perfilado do horizonte, adormecem os corpos cansados da labuta, libertam-se as almas aprisionadas nas estruturas de carbono que habitam. A Noite é a imensidão que colhe toda a energia cinética, os espíritos espalham-se pelo ar e a vida ganha novas formas.
Percorro mil mundos, na transversalidade da minha ancestral existência, vou encontrar a tua essência que me aguarda nos umbrais do teu destino. Chego com os dedos cheios de pétalas, com os olhos carregados de saudades, trago-te nas asas perfumes de jasmim, beijo teus lábio de carmim.
Eterno é o tempo que segura e prolonga esta

Absorvência

madrugada, não queremos amanhecer, não queremos despertar os corpos, para não perder este instante de união que só a magia nos permite ter. Somos agora turbilhão, vento em agitação que se enrola no orvalho que salpica as flores aos primeiros raios de Sol da manhã.

Absorvência

Às vezes procuro soltar o corpo, deixá-lo cair, como se fosse feito de pedra. Procuro a eterna leveza que possa fazer-me atingir os céus num único bater de asas. Esta insustentável vontade de ser vento leva-me a pairar tantas vezes sobre a multidão, como alma perdida envolta num turbilhão de gente. Escuto as lamúrias, ouço

Absorvência

os pedidos daquele que desesperam por soluções e tantas vezes me precipito em direcção ao abismo desses corpos em agonia.

Tantas Noites me pergunto, questiono o sentido desta missão, gostaria de perceber os porquês, de entender os propósitos que fazem de mim um rol de letras, um manto de esperanças. Porque escrevo? Porque não me limito ao silêncio? Porque as minhas letras atingem as almas com a força duma tempestade? As questões sucedem-se, numa espiral de inquietações que agitam o meu mar interior, onde as tormentas são agora vendavais que o corpo não sustenta, esperando a cada instante pelo colapso total do espírito.

Às vezes procuro-me apenas!

Bastou-me segurar a tua mão por um segundo para poder ver em ti um sonho profundo. Há uma porta de entrada em cada alma, há uma ponte estreita que a liga ao corpo, descobrir esses caminhos, saber como

Absorvência

encontrar os nossos destinos é segredo de poucos, é mistério que muitos se questionam. Entrar em ti, seguindo todos estes trilhos, percorrendo cada detalhe dos teus ínfimos sentidos é como viajar por mundos distintos. És paleta de cores, mulher de infinitos amores, e eu, apenas um viajante, que percebe a cada instante tudo aquilo que não dizes, mesmo aquilo que de ti ainda desconheces. Olho-te, vejo na profundidade do teu olhar uma lágrima de saudade, percebo na tua pele um arrepio de vontade e digo-te com a tranquilidade duma tarde de Verão, aquilo que sinto, aquilo que te vai no coração.

Há um mistério que guardamos no fundo da alma, um resquício de tempos idos, uma lembrança que lança amarras, que constrói pontes entre abismos. Há um segredo que escondemos detrás dos portões da nossa cidade proibida, uma armadura que não usamos há

Absorvência

séculos, umas asas que pendurámos há milénios. Mas alguns de nós sabem o caminho para descobrir todos estes mistérios, todos estes segredos. Alguns de nós ainda se lembram do som das espadas ao desembainhar, do ruído do galope dos cavalos ao avançar, alguns de nós ainda se recordam das profecias anunciadas, dos conjuros proferidos, das magias desencadeadas. Ainda há quem saiba usar as asas, quem não perdeu o jeito de voar, quem ainda sabe o sabor do vento quando corre livro o corpo cruzando o tempo. Todos esses sentem as ligações, estas pontes que nos ligam, estes chamamentos que nos gritam, eles sabem quem são, por isso escutam as vozes da imensidão.

Criei um mundo novo, um lugar onde o chão é sagrado, a luz uma difusão de estrelas e os sons formas melodiosas que se assemelham a ninfas pairando na atmosfera. Neste lugar tudo se rege segundo a beleza, a

Absorvência

pureza e o brilho imaculado dos sentidos, cada detalhe é observado e sentido com a intensidade duma explosão de cores, sabores e perfumes. Aqui, por entre as camélias, jasmins e nenúfares há uma flor que tem corpo de mulher, passeia-se descalça pelos jardins, com o seu véu translúcido, o corpo nu reflecte a brancura mais áurea que conheço. Os seus longos cabelos são tiras de vento perfumadas de fios doirados, o matiz da sua tez parece marmóreo, como se fosse uma estátua viva. Os seus olhos multicolores transmutam-se consoante o seu estado d'alma, variam entre cinzas claros e azuis intensos. Venho aqui todos os dias, observá-la, fico horas sentado, escondido entre a folhagem, idolatrando a sua beleza, escutando o som adocicado da sua voz que canta melodias de embalar. Não sei o seu nome, mas decidi chamar-lhe a Deusa da pureza, da natureza, Flor de Lótus.

Absorvência

Queria poder ser presença constante em ti, fazer parte do ADN da tua alma, ser a voz com que falas no silêncio em que te escutas, ser o soro que lava a ferida pungente

Absorvência

quando choras. Precisava sentir que mais que uma prece, mais que um aglomerado de letras, sentidos e fantasias, sou parte integrante dos teus dias. Era tão necessário que soubesses que sou a sombra que segue o teu corpo, o Sol que a projecta, o ar que envolve cada parte da tua silhueta, mas, e sobretudo, era necessário que soubesses que sou o eco que traz de volta o teu grito, o silêncio que em ti anda perdido, a chama suave que arde no teu peito. Só assim poderei em ti habitar, no teu corpo morar como guardião dos teus mais íntimos segredos, aquele que te salva dos teus medos.

Não encontro nexo no sentido do movimento dos dias em que o meu silêncio te visita e não te encontra na beira do caminho. Há uma predilecção pelo voo nas minhas asas que me leva indefinidamente a procurar o teu mundo dentro do espaço em que habitamos. Não sou feito da matéria que costumas tocar, as minhas energias são fluidos etéreos que pressentes mas não vez, que imaginas mas não tocas, apenas sentes a minha presença em teu corpo, o calor intenso que te domina os sentidos, te tira do senso, do equilíbrio e te faz claudicar na vontade de me abraçar. Estes murmúrios que te escrevo, lê-los com a memória de quem já viveu outras vidas, percebe-los como quem sabe onde está o segredo que não dizemos, apenas partilhamos. Estou no céu do teu mundo como pássaro azul que pousa em cada flor do teu corpo, em cada silêncio que dorme em teu quarto.

Não quero ser a tua salvação porque jamais saberei ser o sustento daquilo que segura o teu espírito. Eu, em inconstante mudança, serei sempre mais oco que cheio, mais espaço, mais ar que substância. Não, não sou a esperança, não serei sequer a ilusão que manterá o teu coração no ritmo certo. É difusa esta minha eternidade,

Absorvência

ela é tão volátil que chega a evaporar-se na luz da presença intensa dos meus medos. A realidade é esta, não há asas que segurem um corpo inerte, não há chama que mantenha quente o sangue, que seja suficiente para o fazer fervilhar. Tudo é transformado em apatia, uma fantasia repetitiva em que cada palavra acaba sendo sempre igual, embebida dum éter que se desvanece momentos depois de ser bebido, sentido, afagado. Não vale a pena querer ser o teu anjo da guarda, quando eu próprio sou o abismo e o vazio das minhas desilusões. É assim que construo as pontes, com pedaços de ferros retorcidos, é com árvores mortas que planto a floresta das minhas cinzas. Não conservo a luz porque a absorvo quando faço do meu dia a minha maior Noite.

O cálido mar dos teus sonhos, é oceano onde adormeço nas noites em que descobres de mim os sentidos, nessas viagens que te acordo, nesses suspiros que te solto na madrugada indolente do teu fogo. Seguro a

Absorvência

ponta do teu cabelo, como conexão dos nossos mundos, como ponte que nos amarra e nos prende no marulhar dos sentidos. Há em ti um segredo escondido, algo que guardo, que velo e que sinto, como sendo um pedaço do meu tempo, da minha memória do meu corpo em ti vestido. Venho dum tempo antigo, onde as recordações são folhas de livros, alegorias que estimulam o pensar, são os desenhos que te fazem sonhar. Venho de longe, onde as distâncias são oceanos abertos, para te encontrar todas as noites, na beira desta praia deserta, onde caminhamos juntos na imagem concreta deste nosso mundo, acompanho-te neste passeio, olho-te daqui e vejo como preencho os teus anseios, como inundo o teu vazio e te guardo no centro do mundo, como recorte delicado duma flor por despontar, ainda.

É incandescente a luz que me acorda, um brilho ofuscante, que me guia no vazio imenso das recordações. Neste espaço sou alma pura, plena circunstância de haver sido em tempo passado o

Absorvência

pretérito do que sou hoje, aqui, sentado, ao lado do teu leito, vendo-te dormir. Nestas noites sou feiticeiro, druida, mágico sem magia, pura silhueta de energia que te visita, entro-te no corpo pelos corpos de outros, visto-te a pele pela tua própria vontade e sou eco, memória de saudade que gritas na tua mente. Sou igualmente gemido, sentido no prazer intenso do teu EU, lá, onde as mãos não chegam nem os corpos podem tocar, lá, onde sabes, quero estar. Tu não sabes, mas sentes, que nesse momento silente, deixo tudo o que me envolve, corpo, espaço e tempo, para me dedicar a esculpir-te a alma, a criar-te um mundo onde possas viver fora de água, onde me sintas com a paixão, o amor e a intensidade com que me queres no teu presente, como me queres com saudade.

Por entre as brumas da floresta caminho pelos trilhos da memória, lugares onde construo a minha história, momentos plenos de encontros entre sagrados e profanos pensamentos. Aqui, onde a névoa é manto que cobre a minha nudez, sinto as ligações cósmicas que me

Absorvência

conectam a tantos portais distantes, locais que visito para te encontrar. Tu não sabes, não percebes mais que uma sensação de arrepio quando chego, mas eu, vejo-te, deambular pelo quotidiano, por corredores e ruas largas, por jardins e casas. A tua sombra é vereda que sigo, o teu perfume, ar que inspiro, por isso te persigo, por todas as vielas e becos, por todos os teus desassossegos. É assim que te vejo, que te sinto em cada momento. Percebe a minha voz quando pensas, quando escutas os teus mais íntimos instantes, quando faço eco na tua mente, sente, meu amor premente, minha vontade constante de habitar em ti em todos os instantes. Por isso sabes que nunca estás só, porque mesmo na ausência dum corpo, duma voz, há em ti uma alma presente, a minha, dentro da tua.

É no momento em que te deitas, em que adormeces profundamente, que chego próximo do teu corpo, que sinto em ti a mente palpitar de segredos que queres contar-me. Sento-me no vazio quarto dos teus sentidos, onde todos os desejos são arrepios da tua imaculada

Absorvência

pele. Sabes que te escuto, que não falo, fico mudo, para te dar espaço, para sentires o meu regaço, a saudade de saber tudo aquilo que te agito, cada crença que em ti desperto. Existo por aqui, num vago momento de solidão, onde as palavras são como ecos no espaço aberto, entre o teu mais ínfimo desejo e a forma como eu, só eu, te vejo. Não despertes, sonha que te velo, que te vejo como se soltasses o teu corpo e pairasses no ar, sou para te olhar, no palco iluminado dos teus sonhos. Fico, até que a alvorada acorde, para garantir que em teus sonhos more a minha vontade de te amar, assim na plenitude de poder-te guardar. Sinto-te despertar, e por um último instante deixo-me ficar, quero ver a cor dos teus olhos de mar, uma vez mais, antes de me evaporar.

Nos umbrais da eternidade há um lugar iluminado pelo brilho constante dum céu sem Sol, há um perfume que invade o ar, e um vento quente que abraça a alma matizada em tons pastel. Ali, onde o tempo já não corre

Absorvência

atrás de ninguém, limitando-se a ficar sentado no seu papel divino, esperando que a constância deste momento flua sem necessidade de parar ao passar de cada segundo, escuto o som morno do silêncio, envolto em cetim, nas notas que te escrevo.

Na efervescência dos sentidos, tudo neste mundo é pormenor de candura, onde a alma perdura como a própria intemporalidade, só assim posso aguardar, na beira deste mar, pelo barco do teu espírito que um dia há-de chegar. Mesmo a Noite tem tons de azul-escuro, as estrelas brilham em uníssono para pintar de centelhas as vontades e contemplando-a, vejo-te na saudade que conforta o meu ser e diz-me que esta espera será mais gostosa aquando da chegada.

Não há um sinal do vento que me lembre o instante em que não estiveste. Não me recordo das ausências, guardo em mim cada uma das tuas presenças como se

Absorvência

fosses o último grito, gemido em pranto duma partida que não canto, não falo, não digo. Escrevo-te no vazio repleto de melodias, de tardes frias em que as mãos geladas não conseguem soletrar as letras que te alimentam. Morres na fome do meus silêncios, como se fosses de mim alimento, como se em ti eu fosse aquele brando tormento que te limpa as lágrimas do rosto. Não temas, como não temo, que sabendo-te distante, em mim carrego o semblante lúcido das memórias do teu corpo. A minha pele ainda veste os teus contornos e nas minhas asas ainda carrego os arrepios do teu prazer. Só assim sobrevivo, vergado sobre o meu ventre, neste marasmo premente em que mergulho a mente.

Tenho necessidade de sentir na minha alma, aquele fluxo de energia que converge do centro deste minúsculo universo que carrego dento. Preciso urgentemente sentir o pulsar desta estrela que outrora foi galáxia inteira e agora é tão frágil no seu palpitar. Preciso descobrir o

Absorvência

equilíbrio, que tantas e tantas vezes me levou aos céus, me fez descer aos infernos e caminhar entre corpos desprovidos de vida sem me perder do destino que perseguia. Hoje vejo-te, desta imensa distância, onde nossos corpos sempre se resguardaram, olho-te com a mesma sensibilidade do primeiro dia em que te vi, com a mesma efervescência do primeiro instante em que a luz da tua alma me avisou que vinhas, mas, sei que já não escutas com a mesma consistência este ritmar de energia que se expande do meu ser. Quiçá te tenhas habituado ao som do meu silêncio, ou, quem sabe o tenhas preenchido com outros cânticos, pois não é fácil conviver com silêncios, com ausências, e distâncias, porque conheces como são paralelas as nossas rectas e como elas nunca se interceptarão.

Na maresia do vento, deixo um breve lamento, uma saudade dos tempos de outrora, quando a vida era como a flora, exuberante. Quando as franjas da floresta

Absorvência

desciam até ao chão para reclamar das formigas a sua atenção. Aqueles eram tempos em que o Verão era constante no nosso olhar, em que as vontades eram prementes na nossa forma de estar. A esta distância, é dúbia a clarividência desses momentos, pressinto-os mas já não os vejo com a nitidez necessária a alimentar a minha lucidez poética. Hoje, a neve cobre a maior parte do arvoredo despido, o longo e frio Inverno gela-me os dedos, impendindo-me de deixar fluir os segredos com que te escrevo. A casa está vazia e as brumas ocultam já o caminho que nos costumava levar ao rio. Hoje os silêncios são as respostas que guardo comigo, resquícios das músicas que ouvimos, juntos, enquanto víamos o luar enfeitar os céus e as estrelas dançar na magia das constelações que nos despertavam tantas emoções. Sabes, não me dói a ausência desse Verão, porque apenas ele me alimenta, me faz persistir, neste abismo que se preenche com as gotas de chuva que vão caindo.

Absorvência

Absorvência

Hei-de estar sentado no recanto mais recatado do teu espírito. Hei-de observar cada detalhe dos teus sentidos, cada pormenor dos teus sonhos. Não existe outro sentido para a existência da minha aura que não seja apreender os teus momentos, ser em ti um firmamento salpicado de pequenas estrelas. Eu sou a Noite que te ilumina, aquela personagem louca que te aguarda a

Absorvência

cada esquina. Todas as direcções do meu mundo se dirigem para um lugar único, toda a sabedoria da tua alma é reflexo da luz que me alumia, por isso, esta relação intrínseca que nos une atomicamente é conjunção química perfeita, equilíbrio entre corpo e mente. Escuta o som das minhas letras, ele é canção imperfeita que filtras e corriges no âmago das tuas emoções, teu canto é sereia, deitada em fina areia que encanta todos os meus sentires. Acredita na força com que te olho, na forma suave com que te observo da lonjura deste céu onde sou apenas uma Noite de estrelas.

Quando entardece pausadamente sobre o horizonte, a luz toma reflexos amarelados, o céu transfigura-se e as sombras crescem numa proporção desmedida rente ao chão. Nesses momentos escuto o chamado do vento, aquela pequena brisa fresca que murmura o meu nome nas intrincadas silhuetas da paisagem. Depois, adormece o dia sobre a linha distante, é lá que se deixa

Absorvência

ficar, detrás dos montes, escondido na folhagem das árvores por entre vazios longínquos. Puxo com a ponta dos dedos a Noite, com as suas estrelas pregadas no firmamento cheio de planetas e galáxias. Deixo os cometas escorregar-me das mãos e os meteoritos precipitarem-se no chão em riscos luminosos de fogos-de-artifício lento. É nesta altura que do corpo me nascem asas, que dos meus pensamentos faço sonhos e das mãos me nascem magias feitas de letras. É nesta altura que pinto a paisagem, como mil e uma cores, diversos perfumes e muitos amores, faço a vida renascer aos olhos adormecidos de quem se atreve a sonhar os meus sonhos perdidos.

Esta noite nos teus sonhos visitei-te, sentei-me no alpendre a teu lado, enquanto o Sol se ia deitando. Ficamos ali, ouvindo os pássaros ajeitarem-se nas árvores, não falámos, apenas ficámos quietos, sentados lado a lado. Esta noite nos teus sonhos fui silêncio

Absorvência

presente, forma difusa e inconstante que te acompanhava por todos os caminhos. De mim soltava sorrisos e em ti plantava certezas que acordavam ainda mais beleza no brilho suave do teu olhar. Esta noite nos teus sonhos fui o vento, que bramindo mansinho se aconchegava ao teu corpo, qual lenço que afaga o rosto limpando lágrimas, lavando mágoas. Deixaste-me passar, e fiz-me brisa nos teus cabelos a sonhar-te, fui e voltei, não te quis deixar, era eu uma canção para te embalar. Esta noite tive um sonho, onde me visitaste, vieste com a maresia e minha boca beijaste.

A ausência de pele, transforma-me em turbilhão de neblina que vagueia pelo infinito espaço da tua alma. Essa imensa casa, onde cada sentimento é um quadro suspenso no ar que te preenche, nesse vácuo que me permite levitar na tua mente, por dentro do teu espírito como se fosse calma presente. Tu acolhes-me com um abraço de pétalas, com um inebriado momento de

Absorvência

ternura em que mergulho na límpida água pura com que me banhas. Esta envolvência é o fruto duma semente já plantada há muito, resquício de tantos passados, de tantas ausências, inconstantes ciclos por onde depuramos sentidos. Hoje somos o elixir do nosso próprio ser, concatenado em fontes de prazer de onde bebemos juntos este néctar que nos une, nos unge e nos imortaliza, nas palavras escritas, nos silêncios que nos comprometem com mais desejos, com mais saudades e vontade que nunca. Por isso em ti vagueio, caminho sobre a tua brisa, como folha perdida no vento de Inverno, aguardando pelo teu beijo primaveril que me há-de vestir de corpo e pele.

Esta demência que se apossa do meu corpo, faz-me andar em completo alvoroço. Os sentidos turvam-se e o espírito mergulha em elipses de loucura, já não entendo em que mundo me entrego, se no das vãs ilusões, se no dos delírios imensos, onde cada febre é suor derramado em tormentos. Depois vem o silêncio, o escuro negro da Noite, a magia em tons de sinfonia e toda aquela alegria

Absorvência

estrondosa que se espraia na melodia com que construo uma rosa, de papel branco, imaculado como o tempo que em nós deixa memórias, tristes e infindáveis glórias e lirismos cénicos que nos entregam aos céus em dias de Sol. Não, não estou louco, apenas turvo no pensar, agonizante no caminhar que os anos insistem e fazer notar, mas, ainda assim estou lúcido, estou erecto como que querendo vencer a força gravítica que teima em esmagar a minha agonia. É assim a minha alegria, feita de danças ondulantes em que sou poeta, sou gente, sou amante delirante, e nesta cacofonia vou deslizando pela vertente mais acutilante desta montanha que é a vida.

Convoco-te, delírio! Como frenesim que me abana a alma num sismo imenso, quero estremecer, oscilar e fazer ruir os pedaços soltos, instáveis e loucos, que como parasitas se agarram às paredes exteriores do meu universo. Preciso deste solavanco, para sentir o arrepio de um novo século, para perceber o amanhecer de um novo momento, cá dentro, bem no alicerce que

Absorvência

segura a estrutura oca da minha essência. Quero acordar de novo, sair das profundezas e ser criatura que se ergue no voo, que se perde por entre a luz das estrelas, como uma vontade que se liberta, como um animal selvagem que já não hiberna. Ouve-me, escuta o meu grito de satisfação, forte como um trovão que cruza os céus, que reverbera no teu corpo imaculado, fazendo o eco transformar-se em música, fazendo os sonhos acordarem, transformando a tua alma na minha musa. É por ti que vibro, como sino, anunciando o advento de um novo e eterno momento. É em ti que estremeço, quando mergulho no vazio imenso, para descobrir a centelha que ilumina essa pequena esfera que é o nosso mundo.

Escavo as profundezas do teu espírito, sinto a energia em fluído remanescer da Terra, ela é alimento que emana da alma, ela é sentido que rega cada semente que nasce no interior resguardado do teu corpo. Neste silêncio sou eu que te velo, que guardo com zelo o desejo intenso de em ti cultivar o amor, de em ti fazer

Absorvência

aplacar a dor. Transplanto pedaços da minha energia, com a delicadeza de quem sente a abrangente força do Universo. De ti faço brotar a semente, a erva, a árvore e os frutos dela pendentes. É neste brilho intenso que cuido do teu jardim secreto. É nesta dedicação constante que em ti, chuva me faço, precipitando-me sobre a folhagem luxuriante do teu horizonte. Gosto de te habitar, de viver encerrado nos teus labirintos, é neles que descubro os teus mistérios, os teus destinos. Não me sinto teu escravo, apenas alguém que te cuida, alguém que trata o teu âmago. Este lugar, onde ninguém consegue chegar, é o meu Olimpo, o sítio onde quero estar.

Guardo-te, no mais profundo silêncio deste lugar, deste espaço meu e teu, onde todas as noites nos vimos abraçar. Sinto-te a voz calada, a cabeça recostada a almofada, o corpo inerte, na pele que cede ao cansaço do dia, é apenas a minha luz que te alumia. Perco-me

Absorvência

nos teus pensamentos, lavo-te a alma de tormentos e deixo minhas mãos entregues à mágica floresta dos teus cabelos, onde sou vento soprando levemente. O teu corpo recolhe-se, ao útero dos sentidos, dos momentos por ti vividos, por mim desenhados nos sonhos novos que te invento. Esta é uma intimidade que só nós partilhamos, há de mim uma centelha que te habita, há de ti uma estrela que no meu céu gravita. Podes achar que é feitiço, que é fantasia, este brilho que te extasia, mas no fundo sabes que a luz que em ti brilha, é a alegria. Esta vontade de voar, que teu ventre sente, é o som das minhas asas a chamar, anda, atira-te ao vazio que eu sustento teu medo e seguro teu corpo neste louco voo em conjunto. Podes achar-me uma ilusão, por vezes até uma confusão da tua mente, mas seguramente a tua alma sente, que no fundo sou eu que dentro dela moro, que com carinho todos os dias a decoro.

Absorvência

Absorvência

No meu mundo, o vento é brisa cálida que me veste o corpo desnudo, o Sol é brilho intenso que se desprende do teu olhar, e a água, jorro imenso de mel que se desprende do mais íntimo do teu ventre. Aqui os dias não têm horas, as luzes não fazem sombras e as noites são iluminadas, silentes e perfumadas de suaves brumas. Este pequeno pedaço de sonhos, é quimera onde teu corpo impera, é altar, onde sempre deposito flores frescas em vasos de violetas para adornar o teu brilhar. Não te faço apenas deusa, não te faço somente princesa, faço-te ar, que respiro em cada inspiração, faço-te minha em cada tentação, como se não houvesse em nós divisão. Neste mundo, criado das tuas fragrâncias, todo o detalhe te pertence, todo o momento te sente e cada parte de mim vibra intensamente ao sentir-te dentro do corpo que me veste. Por isso este mundo é eterno, como o tempo que desliza entre noites e dias, entre realidades e utopias. Nele se agitam as euforias com que temperas os meus dias.

Houve um tempo, em que as minhas asas foram vento, em que os meus silêncios foram canto de embalar, que elevavam a tua alma e te faziam sonhar. Nesse momento, a minha essência libertou-se, abandonou o

Absorvência

corpo à sua sorte e ergueu-se no infinito céu onde tu és estrela e eu Noite profunda. Lembras-te dos mundos distantes que percorremos nessas viagens deambulantes? De como misturamos as cores do arco-íris para pintar as histórias acabadas de sonhar, em tintas frescas que repousavam sobre as telas desse mundo de encantar? Esses eram tempos em que a vida tinha as suas ambiguidades, em que entre nós não haviam saudades porque sempre nos fundíamos num só corpo, numa só brisa, nesse instante dilacerante que nos unia. É deste alimento que vivo, neste vácuo constante onde me fecho, onde oro, e choro o sal das minhas lágrimas em poemas dessincronizados, desprovidos de fragrâncias. Um dia hei-de voar de novo, por entre os destroços do meu corpo, feito sopro de vida que se ergue do abismo sobre a praia do teu espírito.

Entendo a urgência das palavras, como a vontade expressa de dizer dos sentidos aquilo que dentro dos

Absorvência

corpos se gera, bem no fundo da alma. Este turbilhão de efervescência aspira convicções, gera emoções, fazendo em nós nascer instantes de euforia que por vezes atingem a superfície. Respiro, essa efusão, em brisas mornas que invadem o espírito e me levam em viagens alucinantes por entre vazios distantes onde procuro encontrar-te. Descubro, no silêncio do teu sono a insolvência do teu corpo adormecido, alma despida de defesas que sonha em espaço abertos, em planos secretos que vejo através dos espelhos dos teus destinos. Fico, sentado na beira escarpada do teu mundo, de fronte ao teu mais profundo sentido e abraço o ar, bebo o vento e espero que chegues na aurora da manhã, quando despertas de todos os sentidos. Nesta turbulência, entrego-te o corpo cansado, pejado de cicatrizes de guerras, de marcas de vida que fazem a história dos meus dias aqui, neste quotidiano suado de vontades obrigadas a cumprir. Nas tuas mãos deposito a morte do homem, para que se liberte a vontade da eternidade da alma, só assim faz sentido renascer de novo, contigo.

Absorvência

Conheces aquela árvore imensa onde habitam todos os sonhos? Ela é como um mundo, cheio de ramos retorcidos, de caminhos escondidos. Nela encontramos cada detalhe que nos apraz sonhar, que nos faz deambular por entre a folhagem. Gosto de deitar-me nos musgos dos seus imensos braços, onde adormeço para viver sonhos encantados. Não sabes como gosto de descer, a pique, rente ao seu troco, num voo rasante até ao solo. É aqui que brinco, com a mescla dos sentidos embebidos da magia da existência. É aqui que deliro, que invento e crio os meus sorrisos que pinto em mil rostos desprovidos. Este é o mundo dos sentidos, é nele que me crio, que cresço como criança livre por entre os brinquedos que a Natureza me oferece. É neste lugar, onde nada me pode perturbar, que afago as minhas asas, que alimento o meu pensamento, e faço com que a magia esvoace por entre os inúmeros tons de céu. Este é o meu paraíso, para além do horizonte, onde o mundo

Absorvência

é muito mais que uma guerra, que uma corrida desgastante. Aqui os pássaros são da cor que eu mais gostar e os rios nem sempre correm para o mar.

Sou filho do vento, afago-te a alma com as brisas quentes do sul, penteio-te os cabelos com os perfumes do oriente, e banho-te o corpo nas cascatas a poente. Do norte trago-te a saudade fria que te arrepia, num prazer que te estremece, nas cartas plenas de sentires que te descrevo. Esta distância onde me deito, é tão-somente um espaço aberto, que mitigo em cada voo, em cada sopro deste vento. Percorro-te, enleando-me na escultura do teu abraço, na fonte que faz do teu jorro regato, rio e oceano que profundo me acolhe. Agito o teu mar, nele sou barco em constante balanço, vela inflada na tempestade que te desperto, em tumultos que se agigantam nas vagas que te sopro, nas montanhas que te escalo, nos sonhos que construímos juntos, mão

Absorvência

sobre a mão, grão sobre grão, na areia branca dessa praia que é a nossa própria ilusão. Nesta rosa-dos-ventos somos exaltação e lamentos, criação e movimentos, que fazem os corpos oscilar ao sabor do teu olhar.

A cada Noite viajo para te visitar, atravesso o mar, cruzo o céu, sigo o perfume teu. A cada instante sinto o teu palpitar distante, como estrela no meu firmamento, como galáxia que me estende os braços. A brisa do teu corpo é ar fresco que agita as penas do meu corpo, carícia que percorre a minha pele, saudade que me enxuga as lágrimas. Sei quanto precisas dum abraço, cálido, de um corpo real que não tenho, por isso todas as noites te visito, na esperança de materializar-me perante o teu olhar lacrimejado. Todo o tempo parece uma eternidade e questiono-me se um dia poderei ser mais que um sonho induzido, que um livro entre mãos escondido.

Absorvência

Será o meu corpo fictício e todos os sentidos que te digo, vazios por preencher? Aguardo pelo despontar do dia para dissipar-me com a névoa. Até um dia meu amor, um dia voltarei com muito mais calor, vestindo um corpo que te dará o prazer do toque, o desejo que é contigo fazer amor.

Neste espaço de silêncio, onde me encontro comigo mesmo, vejo que não há forma de sustentabilidade para a imensidão do meu universo, essa estrutura de formas intrincadas onde tudo é diverso da realidade, onde a difusão de sentidos voa em contramão com as regras dos destinos traçados em constituição. Este meu delírio, esta minha criação, é anómala ao filtro da realidade, é ilusória à dimensão do olhar, só faz pleno sentido na forma desinteressada de amar.

Como fazer-me perceber junto dos espíritos? Se hoje estes são banidos de corpos em perpétuo movimento de ambição espartilhados por conceitos defeituosos do que

Absorvência

é ser, existir e ver. Perco a razão da existência, falta-me o chão, invade-me a demência e já não sei amar com precisão. Esta sôfrega agonia em que a minha alma em letargia mergulhou, deixa-me antever um desastre, colapso iminente deste meu mundo doente que em mares de mercúrio se afoga.

Quisera ser, na realidade, não filho do vento, não ser sequer este lamento, mas amor, puro, livre e profundo, um amor para preencher o mundo, multiplicado, somado, dividido, repartido por todos os cantos, como ar, atmosfera, sei que é simples quimera, mas isto... Isto é o que que quisera!

Pressinto-te, escuto o teu pensar, nesta forma estranha de te adivinhar. Não sei como isto acontece, porque a minha voz a tua precede. Penso que é porque te sinto, duma forma sobre-humana, absorvo a luz que a tua alma emana. Por vezes assusto-te, porque me antecipo ao teu

Absorvência

momento, porque digo antes o teu pensamento, mas acredita-me, não sei como o faço, é apenas uma intuição, que me leva a fazer essa afirmação. É por isso que sei que te pertenço, que te guardo, como anjo que pela vida fora, acompanha os teus passos. É tantas vezes no silêncio da Noite, que no teu regaço me vou aninhar, como criança que tem vontade de sonhar.

Pode parecer contra-senso, ser protecção e protegido, mas de facto entre nós existe um laço que sempre nos tem unido. Se para ti sou ombro amigo, para mim és ponto de partida, destino de chegada, caminhada. A forma de te amar, não se prende apenas com a possibilidade de te tocar, é uma questão de fusão, entre o espírito e a emoção, entre o corpo e a alma, que faz com que te ame numa dimensão mais calma, tranquila, plena, como quem nasce já dentro do outro e nele permanece para lá de todos os tempos.

Absorvência

Por vezes não alcanço a dimensão de tudo o que fazes girar em mim. Outras tantas não entendo como te prendo, te seguro com a ponta dos dedos, salvando-te do abismo, sem mesmo saber como eu próprio não caio. A percepção que tenho é que somos ponto de equilíbrio, eu o teu vício, tu o meu balanço. Oscilação perfeita que em mar agitado se transforma numa essência, fruto da mescla dos perfumes de cada detalhe. Esta ventania serena, agita a tua túnica de Deusa, faz as minhas asas suster-me no ar, para te poder olhar. Mesmo sem a complacência do tempo, sem a congeminação do espaço, é nesse regaço desenhado a fogo e água que minha alma te embala. Se te venero é porque carregas dentro a semente da beleza, que resplandece em toda a tua ínfima grandeza e te faz imaculadamente pura e cristalina como a água que de ti brota. É este delírio que me atrai, que me deixa horas a fio perdido no espaço entre olhares, contemplando o tamanho da tua serenidade em mim. Se guardo silêncio, e olho apenas para o momento, é porque te adoro em teu altar, iluminado pelo brilho dos teus olhos.

Absorvência

É inócuo este sentido que me leva até ti, que me faz voar por mil lugares, que me faz deambular por mil luares, até te reencontrar, adormecida na floresta encantada dos sonhos que sonhas acordada. Há oceanos e mares, que de certa forma distanciam o teu lago tranquilo, da rocha polida pelas ondas onde meu corpo adormece com o bramir suave do teu canto. Quantas vezes na madrugada, o meu corpo se volatiza e evapora na névoa distante da alvorada. Quantas Noites passo em redor dos teus cabelos, que sopro como ventos Alísios precipitando-me em chuva de suores frios escorrendo-te pelo corpo, inundando-te a alma, alimentando o lago com a minha água calma. Mas, eu não existo sem o teu pensamento, sem a tua prece ou lamento, sou fruto da tua concepção, sou fórmula da tua criação, afinal tu és Deusa, venerada e bela que no meu Olimpo flameja.

Absorvência

Aparentemente o silêncio da noite não é mais que um murmúrio de sensações que se fecham e sonhos adormecidos nos corpos vazios de vida. Neste hiato, sento-me na beira do tempo, como se fosse esse o umbral de tua casa, como se fosse essa a beira dos teus desejos de menina. Por vezes não me apetece deixar o dia amanhecer, porque sei serem as Noites o nosso secreto prazer. É assim que me deixo ficar, nesta estranha forma de te amar, só com o olhar, com o profundo sentir de todas as formas diversas com que te vestes em mim.

Amanhã sei que despertarás, que o dia te levará para a azáfama do tempo, correndo de lés-a-lés, e, que por mais que te siga dentro da alma, não consigo segurar-te num momento de calma. Vai, voa, com as asas nuas, dentro dos meus mundos, que em ti invento. Um dia deixo de ser vento, brisa ou aragem para fazer do meu corpo roupagem que se tornará visível à luz do teu sol, nesse dia deixarei as minhas asas penduradas da porta dos meus sonhos. Só assim poderei sentir o calor do teu corpo, o sabor do teu beijo que levo em mim.

Absorvência

Sento-me, no canto da tua alma, espero em silêncio pelos ecos que me fazes chegar, pelos lamentos debruados de lágrimas que escorrem em cascatas pelas íngremes paredes do teu precipício. Sei que virás, que desligarás o corpo e o abandonarás à realidade dos seus átomos para vires sentar-te no meu colo. É aqui, neste balanço lento, tantas vezes sentido na brisa do vento que vens despir o teu lamento, que vens beber a energia da vida que tenho em meus braços para te dar.

Questionas-te se não preciso de nada, não entendes o porquê desta unilateralidade que parece apenas dar e nada precisar, mas não é verdade, não há em nós um só sentido, há um único fluxo que faz circular sentidos, fluidos e até por vezes gritos desesperados de auxílio mútuo, só assim faz sentido o amor puro. Aquele que não procura a satisfação pessoal, mas a global. Aquele que é unívoco e está disponível para dar indefinidamente sem reclamar o retorno, sabendo contudo que a sua

Absorvência

maior satisfação é o prazer de dar, de poder constatar o brilho no olhar ou os cabelos despenteados de quem recebe uma brisa de vento no rosto.

Puro é o amor que nada pede e tudo dá, mesmo que não possa sequer receber o ar que respira.

Neste tempo tão meu, onde tudo vagueia suspenso de fios invisíveis, as forças complementam-se e os vazios preenchem-se de pequenos nadas. Palavras surdas que apenas ouvidos mágicos podem escutar. Vontades tenebrosas que apenas os ecos são capazes de contar. Este é o espaço onde acontece a minha existência, enquanto mago, enquanto crente, uso minhas preces para te escutar. E o silêncio transforma-se numa cacofonia desconcertante de vozes e gentes distantes que se unem sobre o signo dos sentidos, abraçando-se como fogo e ar para queimar e purificar os incensos perdidos. E está escrito nas folhas brancas dum velho livro, que tudo isto existe no mais ínfimo e restrito

Absorvência

compartimento da alma de cada um destes seres que somos.

Nesta horas de desespero, em que tudo parece colapsar, em que os pilares mais finos desta existência começam a torcer, parece que a luz se dissipa e a poeira projecta

Absorvência

as sombras que tanto tememos. A terra treme debaixo dos pés, os relâmpagos derramam-se pelos céus e os trovões acordam os medos mais profundos. Nessa hora, lembra-te que tudo o que construíste se baseia na tua fé, que os alicerces que parecem ceder sobre o peso dos problemas estão assentes na rocha profunda da tua convicção, que para lá da tormenta o céu brilha com a luz das tuas crenças, e que este universo onde gira a tua vida foste tu que o criaste, por isso, tu podes refazê-lo, reconstrui-lo, reinventá-lo ou simplesmente, com a brisa dum sopro, dissipar os medos e fazer da tua fraqueza a força que sustentará a certeza daquilo que desejas.

Absorvência

Procuro o nexo, a razão destes momentos em que me prendo de alma e coração aos teus desejos, aos teus sonhos e e emoções. Não sei porque vias desço, porque ruas atravesso os teus pontões, como invado o teu castelo e preencho de sensações as tuas mais escondidas emoções. Fico quieto, no silêncio, abraçado à madrugada, nesta amurada, esperando que o Sol nasça do horizonte dos teus pensamentos.

O singelo equilíbrio que nos mantêm, é por vezes toldado de sombrias nuvens, outras inundado de raios extasiastes de luz, conseguir manter-se erecto, rígido sobre o vento é arte de amor premente que a nós nos sustenta e suspende de fios invisíveis de seda pura.

É fundamental acreditar na intemporalidade da alma, de outra forma não conseguimos explicar os sonhos, a vida, e até a música que tantas e tantas vezes ecoa num simples copo cheio de gotas de água. Se tudo for completamente finito, o amanhã não passará de um

Absorvência

limite onde acaba o hoje e começa o depois de amanhã. Qual a beleza duma flor se apenas a virmos como algo que vai secar e transformar-se em restolho seco no verão? Ela não é em si uma peça desta engrenagem chamada vida que se repete infinitamente?

Não nos deixemos arrastar por opiniões de cépticos, que apenas acham que somos cordeiro a caminho dum destino fatídico e anunciado no dia do nosso nascimento.

Não somos apenas isto, matéria, pó e nada, somos o vento quente de quem respira, a alegria de quem sorri, a luz de quem sonha que podemos muito mais do que acreditamos, e devemos, certamente acreditar mais, que podemos ser intemporais.

Hoje vieste com o orvalho da manhã, qual fruto extemporâneo de Verão em brisa que afaga a minha solidão. Chegaste sem avisar e ainda meus olhos estavam a dormitar, já teu perfume pairava no ar. É

Absorvência

assim quando me visitas, encontrando-me ainda dormido, no meio dum sonho por ti criado, entre anjos e demónios, entre purificações e tentações, é assim que te olho, que te esculpo no fruto das minhas emoções.

Esta magnitude com que agitas o meu mundo é fruto da força do teu espírito, da forma como me habitas o núcleo, como me fazes girar em teu entorno. E, se por qualquer acaso cósmico, o teu magnetismo cessasse, sei que perderia a minha gravidade e tudo o que em mim floria, morreria de saudade.

Por isso me recolho, neste berço de letras, por isso te escrevo todos os dias, alimentando a tua vontade, para que gires em mim para a eternidade.

Sabes, gostava de poder voltar às manhãs suaves, aos dias mornos daqueles tempos feitos de poesias, de carícias e de encantos. Hoje toda a luz me parece cinza e o tempo arrasta-se como se caminhasse para um fim anunciado. Não vejo brilho nos olhares, não sinto a sede nos lábios das pessoas com que me cruzo. Tudo é fosco

Absorvência

e triste. Nem mesmo a alegria das letras, por mais exuberantes que sejam, conseguem já pintar os céus de azul, iluminar a folhagem das árvores dum verde de esperança.

Pergunto-me se faz sentido estar aqui, sentado à espera que o calendário traga de novo a Primavera, ou, se me deixe gelar pelo frio deste Inverno que com a cor quer acabar. Confesso-te que não sei, não sei mais que estrada seguir, que alegoria recrear para ver nos teus olhos a alegria despontar.

É verdade que todo o início tem um fim, que todo o começo acaba num beco sem saída, mas dói-me tanto na alma, ver que por mais rios que transportem água, nenhuma te trarão de volta ao meu rio, e este jamais conseguirá levar-te de regresso ao nosso mar.

Há um instante em que perdemos o equilíbrio, em que o corpo se sente tonto, em que a alma se sente zonza e tudo em redor parece desabar, cair para qualquer lugar. Esse é o momento em que percebemos a nossa

Absorvência

fragilidade humana, em que entendemos como os anos não perdoam a caminhada e tudo, mas tudo, o que se ganha se perde nesse momento, até a verticalidade dum ser em desequilíbrio. Hoje, mais do que nunca, senti como os meus pés estão cravados na terra, como são raízes que não me deixam voar, como folha solta em brisa de noite de luar. Ainda assim, quando todo o mundo colapsa, quando se apregoa o fim dos tempos, há sempre em mim um hiato, um lugar dentro guardado onde consigo voar, onde sinto o ar tocar-me como se fosse vento, e levar de mim qualquer tormento. É aqui, no meio destas letras, entre histórias e poemas, entre livros e rabiscos que sou eterno, que me reequilibro. Depois de repousar entre estas árvores frondosas, feitas com a minha imaginação, de beijar este chão criado com resquícios do meu coração, a alma recobra e tudo em minha volta se renova. Abro a porta, e saio para a algazarra do dia, pronto para enfrentar até o fim do mundo.

Absorvência

É Noite.

É silêncio em espaço aberto ao sono, sonho, como menino acabado de ultrapassar a infância, numa ânsia insaciável de vontade de ser criança.

É Noite, o corpo dorme, como quem se abandona à sorte, como se nada mais esperasse que a morte.

É Noite, a alma voa, como se quisesse ser pássaro, como se fosse sua a vontade de ser astro, apenas fixo ao firmamento dos sonhos tidos, contidos no desejo de ser outra vez gente.

É Noite, a minha essência sente, o vazio de companhia que na escuridão fria se desmente com agasalhos quentes que não tapam a vida, nem o estigma de ser nada, nem passado, nem futuro, quanto mais presente.

É Noite, eu sou apenas alguém que olha, que espera, enquanto teu corpo dormente me sente, na vigília serena de que ama sem pena.

Absorvência

Não sei o caminho, não encontro o destino traçado pelos ventos alísios, fico parado, a cada encruzilhada, olhando para o nada, como se não houvesse nenhum lugar onde quisesses estar. Mas sei que, de todos os pedaços de espaço que vagueia pelo universo perdidos, em planetas distantes, em estrelas fulgentes, há um momento, um pequeno grão de poeira, que à minha dimensão é uma terra inteira, onde quero estar. Onde quero partilhar-me, como a luz da alma, como o traço subtil do corpo que se faz do nada, para a ti ficar abraçado. Metade do teu corpo, no meu enlaçado, forma o conjunto suficiente para fazer do presente o próprio futuro, e daqui, ser apenas um passo até à eternidade daquele nosso íntimo e profundo abraço.
Não tenho asas, guardo-as penduradas detrás da porta do teu quarto, onde adormeço no teu regaço, como criança nos braços de Deus, porque é em ti que descubro a paz, é em ti que descubro a singela ternura

Absorvência

com que teu corpo macio, no meu segura.

Deixa-me dormir, porque as viagens me cansam tanto, que cada vez que em ti aporto, o sono é sobre humano que descanso por séculos colado ao teu corpo eterno. Sei que me velas, que me mimas e me beijas com a candura de quem ama, o homem, e também a criança.

Apuro os sentidos, estendendo os braços, como quem quer sentir o ar, saborear o vento ao voar. Deixo o corpo deambular pelo espaço vazio, percebo o nada como vaga que me contorna e se abre ao passar por mim. Espero pelo encostar da tua alma, como o barco aguarda pelo cais, pelo abanão suave desse choque terno entre peles arrepiadas pelo uníssono prazer do desejo.

Vens, de dentro de mim, como grito, remexendo os meus sentidos, revolvendo a minha terra, como se semeasses o meu corpo com o teu fôlego. Não há espaço entre os corpos, confinamo-nos à mais estranha intimidade que conhecemos, colado pelo anverso, somos agora uma só existência, uma única fragrância que paira no santuário do nosso corpo. Um infinito momento, em que nada mais há que o silêncio dos afagos ternos.

Em ti sou um mar, um céu azul pleno de brilho e luz, tu, serás em mim fulgor, paixão e amor que me faz mergulhar, no profundo oceano, voar sobre a mais alta nuvem. Serás a letra por escrever, o corpo despido por sentir, o beijo que não te dei, o desejo que ainda não bebi. Nas noites frias desta Primavera que nunca mais chega, deixo que seja tua chama acesa o meu único brilhar. O calor que teu corpo distante emana, faz de ti minha esperança e deixo-me ficar, aqui, sentado a contemplar-te no firmamento do meu mais profundo sentir. Sei que hás-de chegar, na bruma do amanhecer, envolta na túnica translúcida da saudade, despertar-me-ás com um beijo de brisa, leve e fresca e dos meus olhos farás brotar uma lágrima de alegria por te poder abraçar.

Absorvência

Conduzir-te-ei ao trono do meu reino, e jurar-te-ei amor eterno, será para mim Rainha, Deusa e mulher que hei-de amar até morrer.

Não sou mais que o vento que sopra, na direcção dos teus cabelos. Não sou sequer a inspiração que te move. Por isso me guardo, no canto do teu quarto, onde te vejo

Absorvência

dormir cada noite. Por isso reservo-me no silêncio que escuta a tua voz, o teu pranto. Tento fazer-me luz, ser imagem que seduz e que irradia em ti o brilho que amanhece os dias, mas, não posso ser mais do que realmente sou, um poema sem rima, um vazio que não te enche os braços, uma saudade não concretizada em teu regaço.

Sou apenas um turbilhão de palavras, que se adentra no teu espírito e cria imagens de um mundo sonhado, talvez um dia existido, mas não realizado. Por isso tem dias em que me escondo, em que me fecho, me calo, como se nunca tivesse existido, nem uma letra, nem um livro, de frases escritas na ponta dos dedos. Apago-te os sonhos, porque não quero ser ilusão, apenas esperança e mensagem que invada teu coração e, alimente tua alma com a vontade de seguir a diante, de ser gente e viver o que a vida te põe pela frente. Por isso vai, voa, com as asas de anjo que te pendurei nas costas, eu ficarei aqui, feliz por te saber sorrir, por te ver florir na Primavera que aí vem.

Absorvência

É inconfundível a tua presença dentro do meu espírito, como se fosses omnisciente. Não preciso de te ver para te sentir, não preciso de te tocar para te saber vir. Por isso todos os recantos da minha alma estão impregnados dos teus perfumes e odores, todos os sentidos do meu corpo são sensores que detectam o teu aroma onde quer que estejas, por onde quer que passes ou onde quer que vás. Por isso em mim serás eternamente imaculada, como a luz da alvorada, que acorda o dia, numa cacofonia de sons, como se fosse tua a melodia que desperta em mim a mais profunda alegria.

Quantas vezes no meio da Noite, por entre as inúmeras estrelas, fico a olhar-te, pensando-te no meio delas, nesse aperto de saudade que parece fazer da eternidade apenas um pequeno espaço de tempo. Áh se eu pudesse estender os meus dedos ao infinito, colher-te desse firmamento, como fruto maduro do amor que te tenho, mas, não devo! Não devo retirar à árvore a vida, ao céu a estrela guia, e a mim, o Sol que meus dias alumiam.

Absorvência

Costumavam nascer-me asas no dorso, como aquelas que usam os anjos. Elas faziam-me voar pelos universos, descobrir portas de acesso aos mundos mais escondidos, onde os sentimentos de cada alma eram segredos que guardava para mim. No rodopio das noites era pescador que, com rede feita de estrelas, pescava os sonhos, adornando-os de fantasias e emoções, devolvendo-os depois às águas do teu rio.

Não sei onde me perdi, se no calor dum inferno qualquer, ou tão simplesmente no meio duma noite escura, onde nem as estrelas já brilham e não existem caminhos, portas ou destinos que me façam sair deste abismo. Hoje não sou mais aquele que te vela o sono, sou apenas um pobre diabo, que em vez de asas no dorso, lhe nasceram espinhos, um animal de garras afiadas que por ironia do destino não sabe sequer alimentar-se num mundo que não lhe pertence.

Espero que me sequestrem deste lugar, desejo que o céu escuro se rasgue e a mão salvadora me agarre e me leve daqui para fora.

Absorvência

A alma é supostamente um espaço macio, onde tudo é curvilíneo e se agita em ondas suaves como um mar calmo. Neste éter, suspendem-se os corpos amados, os desejos guardados e até as vontades que pairam no ar como pássaros. Na minha alma passeiam-se letras, em amenas brincadeiras, formando palavras, desfazendo frases para construir poemas que não rimam, mas que sentem como a gente que espera que lhes sejam escritos. Eu navego, em falua, pelo rio acima, procurando nas minhas redes pescar inspirações, capturar emoções e demais despojos que quotidianos de azáfama deixam cair ao fluxo que passa.

Às vezes sinto-me como um recolector de lixo que se acumula nas margens e nos fundos deste pequeno mar corrente, outras porém, sinto-me como se pescasse almas naufragadas, que de tão molhadas já não se agitam, estão pálidas e frias, entregues às suas próprias agonias.

Por isso continuo a minha faina, uns dias tristemente

Absorvência

acompanhada pelas redes cheias de espólios inúteis, outros, desenredando pequenos tesouros, que cuido e afago por entre as mãos ásperas deste homem solitário.

Adormeces, na placidez dos sonhos, sabendo que neles me encontrarás, que lá, sou corpo, sou gente presente que caminha a teu lado. No silêncio da Noite, desço, como névoa sobre o teu corpo que cubro. Véu translúcido que te envolve sem esconder a beleza magna dos teus contornos. Induzo a tua inspiração, como íman, como atracção que gravita num bailado terno entre corpos gémeos. Esta confluência de sensações inunda o espírito e banha a alma com as cálidas águas do desejo, onde juntos mergulhamos, onde somos vida em movimento. Aqui neste mundo recriado por nós, onde cada pincelada tem o toque particular da essência de cada um, os dias são sempre brilhantes e a brisa constante. O verde da floresta confessa-nos os segredos da natureza e os elementos

Absorvência

combinam-se para nos deliciar, e aqui nos deixamos ficar, até que a vida, no mundo real nos desperte, dissipando a névoa que te envolve e levando-me no vento da manhã.

Costumava ser o teu anjo da guarda, a esperança feita de fé e saudade, de vontade e desejo de, na verdade sentir a liberdade. Hoje, sou uma vã esperança, um vazio, uma caminhada indeterminada. A minha luz é um sol pálido, e a Noite em que te despertava sonhos, um lugar lôbrego onde navegam os fantasmas da existência. Apesar de continuar a sentar-me na beira da tua cama quando adormeces, perdi a capacidade de induzir os teus sonhos, de gerar em ti paisagens de encantos. Não, eu não estou diferente, não olho para o poente, continuo a nascente, esperando-te ao amanhecer, tu é que maturaste, desceste dos céus e fizeste-te humana, quiseste abandonar o altar onde te criei e misturar-te entre a multidão que apenas se contorce por um pouco

Absorvência

de paz e tranquilidade, quando em ti tudo era pureza e simplicidade.

Por isso continuo aqui, na escuridão do teu quarto, ajoelhado à cabeceira da cama onde te deitas, velando o teu sono querida princesa.

Aqui, no silêncio escuro da Noite, onde as estrelas são raios de luz, que descem do céu, como chuva miudinha sobre o meu corpo exausto das agruras do dia. Sinto a ponta dos teus dedos resvalar no meu dorso, como se pintasses a minha pele em tons pastel, como se moldasses os meus traços numa folha branca de papel. Este espaço, quase ilusório, em que a presença de nós se faz premente, dilata-me as pupilas, como se quisesses absorver toda a claridade, porque espero ver-te chegar, do meio do nada, quebrando o negrume com a resplandecência do teu olhar.

À medida que a madrugada se aproxima, sinto o abraço do teu corpo, aconchegando-se ao meu, contornando-

Absorvência

me, completando-me, como duas peças dum puzzle já criado, atrás no tempo, na saudade de quem sente que existe há séculos. Deixo-te pousar sobre os meus ombros, com a suavidade duma borboleta, como a singela beleza de quem já há muito faz parte das minhas certezas. Hoje sei, que me habitas desde tempo imemoráveis, que vives no mais ínfimo espaço da minha alma, que bebes a minha essência e de mim fazes letras e palavras.

Absorvência

Perdi-me do tempo em que facilmente encontrava o caminho sereno da tua alma, esse lugar onde reinava silêncio e calma. Procuro insistentemente o caminho, mas não recordo o destino, como se este se houvesse obliterado dos meus sentidos. As noites estão vazias,

Absorvência

frias e escuras, e o brilho da minha essência é agora uma estrela lúgubre num céu obscurecido pela ausência do teu espírito. Ainda assim, venho aqui todos os dias, visitar o lugar vazio, este imenso espaço onde tua imagem é agora abraçada pela hera que nasceu a teus pés, e as frestas nas paredes deixam passar o vento em gemidos de tormento.

Hoje sou um sítio perdido num recanto do pensamento, contudo persisto, insisto e mantenho-me vivo, alimentando-me apenas do brilho remanescente dos quadros amarelecidos na parede esquecida da tua alma. Sei que a minha poesia não tem o timbre de outros tempos e que quando a minha alma adoece, este mundo fenece, e tudo em redor se desmantela como castelo de cartas em dia de vendaval. Não faz mal, um dia a luz virá e do nada surgirás de novo, qual Deusa imaculada, para por mim seres adorada.

Absorvência

Hei-de voltar a ser eternidade no teu espírito, como aquela tarde interminável em que nos vestimos de abraços, de beijos entrelaçados, de sôfregas vontades prometidas em mil olhares declamados, no silêncio dum sol poente, que nos acolhia, como a terra fértil acolhe a semente.
Germinamos, num amor infinito, num prado despido, encosta frente ao mar, por nós pedido. Foi assim que ficamos, aglomerados numa só espiga, cabelo ao vento, olhar fixo no tempo, como se nada mais pudesse nos afastar.
Não fomos colheita, não permitimos que nos arrancassem a raiz, preferimos perecer abraçados, como barcos abandonados neste cais, no despudor da vontade de sermos apenas um só. Tentámos a eternidade, que veio juntar-se-nos, fazer com que debulhássemos o ventre numa nova semente, mescla perfeita do amor perene que sempre nos alimenta.

Absorvência

O sentimento maior, é aquele que não se sabe dizer, para o qual não logramos encontrar palavras que comportem tamanha sensação. Por isso, muitas vezes o silêncio, acompanhado de emoções que apenas a sensibilidade do olhar é capaz de expressar, eternizam os momentos que sublimamos, que suspendemos na recordação, como inesquecível memória dum tempo sem tempo para passar, sem nada para dizer ou argumentar, apenas silêncio e esse teu olhar...

Depois, à medida que se esvai a vida, nesta corrente sanguínea que são os dias, preenchidos de quotidianos, nascem-me nos dedos as lembranças, que como vagas comprimem o meu peito, rocha nua que já foi teu leito, e numa exasperação declamo, em letras escritas, as saudades que se soltam da alma, como pombas brancas que voam no ar fresco desta manhã. É assim este encantamento, que me possui, como trágico destino de dizer, tudo aquilo que sinto.

Absorvência

Queria inventar-te, como se cria a música, com o dedilhar de poucas notas, criando-te sinfonia perfeita. Se eu fosse capaz de conjugar os átomos, como quem faz alquimia, teria desenhado cada traço do teu corpo, cada gene que é tijolo da tua construção, mas... Não! Não sou nada disto, nem compositor nem alquimista, muito menos criador. Quiçá por isso te procuro indefinidamente, nos detalhes da penumbra, nessa vaga luminosidade que separa o dia da Noite escura...

Ainda assim te encontro, disseminada em cada poro, em cada molécula deste espaço confinado que habitamos. Bem sabes que sonho, que me invento em cada alucinação, crendo que é possível, com um passe de magia, fazer das letras a harmonia perfeita daquilo que és feita. Nem sempre estas alcançam a perfeição almejada, por isso quando não escrevo, digo-te por palavras soltas na brisa fresca da manhã desta nova alvorada.

Quem sabe um dia me escutes e desças ao meu inferno

Absorvência

lúgubre, para me mostrares o caminho que há-de levar-me ao fértil campo dos teus desejos. Conduz-me, ensina-me, porque sou apenas uma criança!

Na tua alma construi minha casa, nela foi habitar o meu espírito, que Noite após Noite, viajava pelos teus sonhos, como personagem dum conto. Em ti alicercei o meu mundo, com a tua essência desenhei os pássaros dos céus, plantei as minhas letras e dessas pequenas sementes nasceram árvores de textos, florestas inteiras que se agitavam como os teus cabelos. Foi dentro do teu corpo que cresci, germinando de cada poro da tua pele, em mim desenhaste asas, brancas como as dos anjos. Com as minhas mãos moldei as pedras do teu templo sagrado, esculpi a estátua imaculada da Deusa em que te transformei. Ajoelhei-me no teu altar, prometi-te eterno amor, fidelidade e tu, ofereceste-me as estações do ano, para contar com saudade os momentos que nos separavam da eternidade.

Absorvência

Hoje, somos brisa e vento, pó e poeira, labareda e fogo, oceano e água que se confundem, que se misturam e se seguem para toda a parte. Já não distinguimos o habitante do habitado, a floresta da semente, o céu dos pássaros, porque nos tornamos apenas e tão somente, um único ser, uma só estrela, numa única Noite eterna.

Tantas são as vezes em que não sei por onde começar a dizer-te tudo aquilo que brota da minha alma. Vejo-te, ali sentada no rebordo amarrotado da cama, com o olhar perdido no infinito espaço que nos separa, e pergunto-me que imagem visionarás, que sentido te fará ficar imutável, de pensamento perdido num lugar indefinido desse teu mundo.

Sopro uma brisa cálida, para que teus cabelos se agitem e te tragam de volta ao quarto, de cama desfeita, onde guardas teu corpo, onde a saudade se esconde na almofada dos sonhos que fazes. Sentes a minha

Absorvência

presença, e numa reacção incontrolável, chamas o meu nome, como se tivesses a certeza que do outro lado deste ínfimo espaço te responderia com a delicadeza afável de quem deseja ser voz, presença e constância em ti. Mas, por mais que te fale, que grite em desespero de me fazer presente, apenas na tua mente, um suave eco se escuta, como se fosse um pensamento ausente, como ausente tem sido a minha presença em ti.

Ainda assim, esta conexão que nos prende, gera magia, porque seja de noite, seja de dia, posso acompanhar-te, seguir-te, falar-te... Tu ouves-me, pensando que te escutas a ti própria, na insana loucura da saudade, na triste sina da solidão, mas não estás só, porque estou em ti.

Na luminescência parda dos dias, há um brilho que quebra a monotonia, que ilumina de alegria cada hora deste amanhecer, cada minuto do meu entardecer. Não é uma luz qualquer, não é sequer um raio lancinante, é

Absorvência

teu sorriso Mulher, esse que se destaca de teu semblante. Que mais poderia eu querer, que o perfume dum olhar terno, que um afago eterno, que a alvorada, desta tua chegada ao mundo dos meus sentidos.

Por mais nomes que te invente, em ti residirá sempre, esse farol eterno, foco de luz que me guia, abraço que meu corpo refugia. Sei de cor o teu valor, porque nos momentos sombrios da vida, é da tua alegria, que a minha alma ferida se alimenta e se guia, de volta ao mundo da fantasia. Por isso não me canso de te olhar, de te ouvir cantar, como rouxinol em tarde de Primavera, que com seu canto me espera, no beiral da minha janela. Se um dia não vieres, saberei entender-te, pois no mundo há mais que gente, que precise desse brilho, para avançar com a vida, para seguir em frente.

Sabes, pergunto-me muitas vezes sobre esta necessidade de sentir na minha pele, o calor da tua pele. Este calor difuso, que como laço nos prende, que como

Absorvência

uma recordação nos sente, corpo no corpo, e nos faz gente. Mas, não é qualquer parte de ti que reclamo, há em especial um pedaço, um recanto, que me faz sentir mais ligado, que constrói na perfeição esse meu encanto. De todo teu ser, aquele lugar onde me quero em ti perder, onde sinto com mais acutilância o pulsar da vida, é nesse pequeno sítio, tão banal e visível que quase ninguém lhe presta atenção. Podes achar-me louco, demente ou tristemente insano, por achar que no fundo do teu braço, mesmo antes da tua mão, existe esse espaço de minha tamanha perdição. Esse pulsar de vida, que nas veias carregas, sente-se como ninguém na energia que para mim transferes quando encosto o meu pulso no teu. Esse lugar, de vida ou de morte, onde com um leve corte tudo pode acabar, é rio correndo apertado pelas margens finas e estreitas de teu braço. Talvez por isso me sinto nos céus, quando envolto no teu abraço, círculo fechado, portal encantado que me faz mais teu. Acredita que não percebo, mas ainda assim sempre que posso, ao teu pulso, o meu chego.

Absorvência

Preciso dizer-te, escrever no teu corpo molhado pela chuva de Primavera, tudo o que sinto cá dentro. Falar-te dessa saudade que me desenha lágrimas no rosto, dessa vontade de quebrar as amarras que me prendem a este porto esquecido. Partir em viagem, navegando sobre esse oceano pleno de vagas, seguir sem destino algum, até te encontrar.

Preciso que saibas, que não são vãs minhas palavras, que este desejo se constrói, não apenas de verbos, de palpitações, mas sobretudo duma necessidade premente de poder tomar-te nos meus braços vazios, nesta casa imensa que é meu corpo, sedento do teu, nesta terra arada que espera ser semeada com os dedos delicados das tuas mãos.

Sabes que te espero, que navego, que deambulo pelas noites desta derradeira Primavera, entre o teu céu e a minha quimera, vagueio qual nevoeiro, por entre árvores e florestas para poder prender no teu corpo despido nesta madrugada, algumas gotas da minha essência, minha amada.

Materializar-me-ei em ti, num longo de delicado abraço,

Absorvência

num suave e terno beijo, no dia em que tiver chegado meu mais íntimo anseio, ser teu.

É desengano este desapego, este desejo de não ser, porque não quero morrer pela dor da tua ausência. É contusão, que fere a minha mão ao escrever, porque por palavras não te sei dizer, a vontade de em ti enlouquecer. É insana esta contradição, que me impele contra a tua alma, e ao mesmo tempo me afasta, num balanço pendular que me deixa marear. Que fazer, quando não sabemos mais que escrever, que dizer, que caminho percorrer para acalmar esta ebulição que ferve a alma em lume forte. Dirás que enlouqueci, quando não consigo definir os actos, quando escrevo algo e depois não faço. Percorro todos os labirintos, na esperança duma saída me levar ao definido lugar onde quero verdadeiramente estar, mas não quero sair, na realidade tenho medo de escolher virar à esquerda ou morrer, seguir à direita ou desfalecer, pois não tenho a certeza de que vais estar, nesse lugar, que vais ser, essa ilusão que criei ao tentar inventar uma canção.

Absorvência

Ando perdido, neste céu infinito, sem saber para onde voar, sem saber como amar, como estar, por isso suspendo-me do ar, deixo-me ficar, e espero pela luz do teu olhar para me iluminar.

A reflexibilidade da essência gera um brilho constante que ilumina o vazio em redor, é esta luz idílica que ilumina os meus passos quando me dirijo a ti na escuridão da Noite. Esta esfera irradiante, faz-me deslizar como se fosse ar, brisa cálida de Verão, no silêncio do teu sono. Induzo-te os sonhos, delineio os mundos que construo com a argamassa dos sentidos que perfilo para que conheças ao entrar a casa que habitamos juntos.

Diria que neste mundo à parte, neste universo pequeno e contíguo ao teu sono profundo, somos apenas nós, os nossos sentimentos despidos e a factualidade dum momento, que parecendo inventado, é tão real. Aprendi assim a colmatar a ausência dos teus corpos, a superar os tempos mortos que a eternidade nos oferece, espero, pacientemente, o teu regresso a casa, como se tivesses saído apenas para à loja da esquina comprar-me um mimo.

É preciso entender este tempo dilatado, este imenso espaço que diverge entre os mundos onde nos encontramos, para poder encontrar a persistência, a resistência anímica para superar esta prova de apenas te ter durante o sono, durante o sonho. É por isso que te guardo, como um anjo.

Absorvência

Saber contornar a angústia de não poder chegar e dizer-te tudo aquilo que gostaria, da forma clara e concisa como a poesia que te escrevia, é em mim triste agonia, que ensombra os dias e me deixa frágil como uma folha seca em pleno Outono. Haverá outras estações, outros momentos em que sem tormentos, serei mais folha verdejante, ou até fruto maduro e doce, ou flor, que com amor te chama para me vires beijar, provar e abraçar nas pétalas dos meus braços.

Agora, perto da época das chuvas, os meus olhos cheios de lágrimas, choram de alegria por te saber terra quente que guarda a minha semente, que escuta o meu pranto e me faz gente num prado de Primavera abundante. Há-de passar este Inverno, e o Verão queimará as nossas peles, bronzeando a alma com as cores luminosas duma praia deserta, lugar onde caminharemos de mãos dadas para o infinito horizonte onde somos de braços abertos amantes, de um sonho delirante, dum momento de um instante.

Por agora, adormecido nesta bruma, aguardo a tua chegada triunfante. Vem!

Absorvência

Qual de nós dois é efluência, é fervor, incapaz de contar já esta dor que de tão premente se faz ausência. Não sei responder-te quando, onde e como, não sei definir um espaço, um tempo, mas sei, que inevitavelmente tudo ocorre num ritmo, compassado e certo que leva os rios a correrem para todos os oceanos, e todos os oceanos a confluir para a fusão, entre as suas águas entre a emoção de escorrer sem saber para onde vão.
Não preciso do concreto, a minha alma não se alimenta de corpos, de palpáveis e tórridos afectos, ela quer mais que consumir o teu corpo em lume brando, ela quer incendiar-te o universo, gerando em ti mil fogos, incontáveis estrelas e planetas a perder de vista, de outra forma não faz sentido, ser em ti fugaz como uma estrela cadente, não faz sentido ter-te por o breve tempo duma vida para perder-te depois num corpo que fenece e em pó desaparece.
Percebes agora o meu silêncio? Porque não sigo com a

turba que se acotovela por ser vista? Por poder ter-te mão na mão, corpo no corpo. Prefiro a intimidade do meu silêncio, onde os ecos são a tua voz falando em versos e o dia amanhece com o brilho dos teus olhos.

A verdade é que a eternidade só pode existir para aqueles que crêem que o tempo pode ser enganado, que o espaço pode ser contornado, e que o corpo pode suspender-se no ar, sem ter asas, e mesmo assim voar. De outra forma a eternidade é o vazio da espera, da ausência, da carência que os quotidianos não podem mais suportar. Talvez eu seja um sonhador, ou um falso pregador, que em vãs palavras promete utopias. Talvez o tempo passe e nada aconteça, o espaço nos afaste e não exista forma de o contornar. Ou, simplesmente eu tenha medo do porvir, não tenha a força necessária para fazer soprar o vento a favor do barco, e esteja aqui ancorado por falta de coragem.

Absorvência

Sei que irás, que jamais poderás esperar, porque a avalanche do que te faço sentir desmoronará a montanha, se as minhas mãos não se enlaçarem nas tuas, para conter a neve que destruirá este amor. Sei que haverá um momento no tempo em que te recordarás que os nossos universos quase se tocaram e a vida foi mais que do que viveste, do que tocaste, do que beijaste, essa mesma vida feita de factualidades, não será vida sem a espiritualidade que um dia semeei em ti, sem os sonhos que um dia te desenhei. Nesse momento perceberás que eu nunca parti, vivi, dentro da tua alma, toquei-te como nenhum homem o fez e amei-te como jamais alguém poderia ser amado. Já não existirá um corpo que desejes nesse momento, mas para sempre haverá uma alma que vive, enquanto a tua viver. Será isto a eternidade? Ou mera insanidade?

Absorvência

O céu é hoje uma almofada de escombros, como se um incêndio tivesse consumido uma floresta de cores, e apenas o vento, varresse as cinzas, em nuvens de tempestade. Sobre o ramo duma árvore, o meu corpo permanece imóvel, complementando os ramos despidos de outro corpo já morto, como se fosse um galho quebrado pela intensidade das labaredas. Sobre meus braços pousam os corvos que chegam atraídos pelo que jaz no chão. Um apocalipse de corpos contorcidos, revolvendo-se na azáfama dum quotidiano cego que os faz deambular, sem alma, sem ânimo, evitando esbarrar-se como se fossem autómatos que se evitam por força dum qualquer sensor que os repele. Incapacitada de descortinar o dia e a noite, a minha alma, já sangrada, aguarda que a brisa que há-de intensificar-se a faça novamente terra, pó e nada, num turbilhão negro que pairará como um redemoinho, até ultrapassar toda esta escuridão, encontrando de novo o céu azul, o calor do

Absorvência

Sol ardente. Esta luz há-de quebrar todos os feitiços que a aprisionam neste novelo de correntes que amarra corpos e há-de sublevar a energia numa explosão incandescente de sons e alegria. Nada é sempre vazio, porque mesmo dentro do vácuo há sentidos que pairam, perfumes que inebriam, desejos que irradiam e fontes que jorram imaginação.

Tantas e tantas vezes agito no ar os dedos, como se quisesse moldar o vento, criar do nada um pensamento. Imagino na tridimensionalidade do vazio a forma que gostaria de lhe dar, o espaço que queria desenhar ou até a personagem que queria encarnar. Mas a vida não é feita de vazios moldáveis pelo simples acto de pensar, a realidade cria-se a partir de formas, de matérias e de sonhos que nos atrevemos a sonhar, porque a Mão que nos rege nos impele, nos auxilia e nos compreende, e, num rasgo de vontade, nos faz criar. Assim nascem, da conjugação dos átomos, moléculas e sinergias, verdadeiras realidades, que pasmam cépticos e devolvem a esperança aos que acreditam que não há limites para os horizontes, para os sentires e sensações.

Absorvência

É assim a entrega incondicional dos que amam a criação, respeitando o Criador, mas desafiando-O, como se fosse sempre possível dar mais um passo, mesmo percebendo que o abismo está à frente. É por isso que a fé não se confina a uma qualquer religião, é um acto interno que subleva a auto-estima e nos leva a acreditar que para lá duma parede há um espaço aberto. Achar-nos-hemos deuses? Não creio. Mas acredito que essa fé que nos move, habita o doente que crê na cura, habita o cientista que crê na descoberta, o alpinista que crê na resistência da rocha e o louco que crê na sua loucura. Se ser Deus é acreditar, então Ele habita-nos, nós somos a Sua imagem, e, por consequência, somos Ele.

Um dia gostaria de poder, como que por magia, abrir-te uma porta para o meu universo. Queria mostrar-te as constelações que aglomeram as minhas emoções, como são coloridos os meus sentidos, e como imensas são as nuvens que formam os meus sentimentos. Esta viagem começaria num jardim, cheio de árvores de fruto, plantado de flores onde os perfumes fossem as minhas palavras, e o canto dos pássaros a minha voz. Passearíamos de mão dada pelo labirinto de roseiras, e a cada bifurcação poderíamos escolher vezes sem conta, deslumbra-nos com a beleza dum entardecer, ou a magnificência dum amanhecer. Atravessaríamos sistemas solares e visitaríamos os planetas onde guardo as minhas pequenas jóias, recordações de momentos já vividos, filmes de tempos idos onde poderíamos chorar de rir, ou simplesmente, chorar de saudade, nostalgia, duma outra realidade. Nem todo este imenso espaço está polvilhado de delícias e sabores, cheiros e cores, há buracos negros, pulsares e quasares que seriam assustadores, porque a perfeição não existe e um universo equilibrado precisa da matéria, mas também da anti-matéria, do belo e do horrendo, do bom e do mau, contudo viajar sozinho pelas zonas sombrias deste espaço seria muito mais horrível que seguir pela mão do seu criador, que com a sua presença amenizaria o

Absorvência

impacto de tamanhas realidades.

Já tentei descrever-lo, usando as palavras.

Já tentei desenha-lo com o carvão da destruição ou com as cores do arco-íris.

Já tentei fotografá-lo em radiografias de raios x, ou com magníficas paisagens, mas, não lograste perceber a dimensão que alcança, o espaço que ocupa, a beleza triste que comporta.

Por isso te digo, que gostaria de poder abrir-te uma porta para entrares dentro dele.

Porque me escutas?

Pela efémera necessidade de exploração do desconhecido?

Pela obrigatoriedade dum qualquer convénio cívico?

Perscrutas-me com o silêncio, com o olhar, com essa arte de quem sabe o que procurar, em quem já não se sabe encontrar. Hoje eu sou o homem e tu o anjo, invertemos os pólos, porque esgotei todas as minhas energias, todas as minhas magias, tu vieste, como que enviada pelos Céus, para me salvar. Sabes que

Absorvência

deambulo por labirintos míticos, onde figuras de estilo se passeiam e onomatopeias sonorizam os meus passos, como se fosse personagem dum livro encantado. Cheguei a acreditar que a minha alma exercia um magnetismo que atraía a mim outros espíritos. Que era uma força da natureza que se manifestava na capacidade de por nas palavras os sentidos certos, que curariam o corpo e sarariam as feridas. Mas disseste-me que tudo isso era uma utopia, que nessa vaga dei de mim aquilo que não tinha e a chama apagou-se, deixando apenas o fumo ziguezaguear pelo espaço vazio.

Perguntas-me pelo Amor, falas-me de quantidades, quando apenas sei falar de sentimentos, divagar sobre momentos e nunca, contar pelos dedos quantas chagas tenho no peito por assim amar. Por isso fujo com o olhar, porque temo ter de contar, ou tão simplesmente porque sinto o que vejo no fundo do teu olhar. Mete-me medo! Ou porque seja um reflexo de mim mesmo, ou, porque tema que sejas também tu uma utopia da minha demência.

Absorvência

Pergunto-te, como se pode concretizar o incorpóreo?

Como se pode tocar o ar se não o vemos?

Ou colher a brisa se apenas a sentimos roçar e já partiu para outro lugar?

Sei bem que construo castelos no ar, que crio quimeras e invento Primaveras em Outonos tardios, em Invernos cheios de frio, mas colocar os pés no chão, é admitir que perdi a razão, numa qualquer história de encantar, e, que agora que entrei dentro dum sonho, não quero acordar.

Dir-me-ás, assim não te posso ajudar!

Não se pode salvar um cadáver!

O que perece não renasce, neste mundo factual, onde a realidade é tenaz que retalha os sentidos e os formata em padrões prédefinidos.

Dir-te-ei, então deixa-me morrer, porque para assim viver, prefiro fenecer.

Absorvência

A Noite é um berço de embalar, sonhos e medos, anjos e demónios. Mesclo-me entre utopias e fantasias, entre terroríficos pesadelos e belíssimas paisagens, onde permaneces como constante, entre tantas variáveis que equaciono. O meu prazer é contemplar, admirar a rosa em que te tornaste, a flor magnifica, magnólia, ou

Absorvência

orquídea, tanto faz. O meu deleite é olhar, estarrecer, meu maior medo é tocar-te, não com o roçar suave de dedos, mas com um abraço apertado, cheio de desejos. Se eu sei o quão importante é o toque?

Como não saber! Todos os anjos sabem como é importante o calor das mãos, a textura das peles, o prazer indelével do entrelaçar de dedos, como se fossem poesia feita de letras que se enrolam nas palavras que escrevemos. Quantas noites os meus dedos foram brisa que afagou teus cabelos? Quantos dias as minhas mãos foram vento que te abraçou? Sentias-me, sem saber que a minha alma te pertencia, sem perceberes que o meu eu te vestia o corpo de carícias. Hoje ensinas-me o toque, tentas acordar-me desta letargia a que me condenei, explicas-me a alma com o olhar doce de quem sabe que, em tantos sonhos se pintou a ilusão, o quadro eterno que juntos desenhamos um dia na imensidão do vazio, ínfimo momento de intimidade não vivido, mas em quimeras idealizado.

Perguntas-me quem sou, e eu respondo-te dizendo que sou a sombra da tua alma, o lugar escondido onde guardas os teus sonhos, o silêncio perdido onde te escutas e o paraíso onde te sentes viva. Mas, esta loucura de ser, esta incerteza de não seres, faz de mim esta perturbação, esta oscilação, vacilação que se perde nas encruzilhadas, sem saber por onde ir, que caminho tomar. Por isso te suplico, e pergunto, diz-me quem eu sou? Porque só assim saberei quem tu és, e porque vim a ti, porque me chamaste.

Há no sentir um perfume que me relembra outros tempos, uma sensação doce dum passado longínquo, onde os corpos deixaram de ser os limites da alma. Esta sensação de migração do espírito é em si uma viagem pelos séculos, um salto entre galáxias, um passeio entre peles, abraços e carícias. Hoje, a esta distância do início, consigo ver-te de diversas formas, em diversos rostos, em outros tantos corpos que toquei pelo caminho. Aqui, sentado à sombra desta árvore milenar que juntos plantámos, recordo cada feição, a perfeição dos teus detalhes em cada vestido de vida que usaste. Por isso te desenho despida, sem tecidos, apenas com os poros que prendem temporariamente a tua alma, que exalam os teus diversos sabores e fazem de ti o maior dos meus amores. Não é saudade que sinto, porque sei-te ao virar da esquina, cada vez mais bela e feminina, é apenas um gosto de mel, nos meus lábios, como se fosses sumo de fruta madura, cheiro de incenso, ou flor acordada pelo Sol duma manhã de Inverno. Deixa-me ficar, aqui, a olhar para o infinito, esperando que chegue o futuro para me levar de novo à estrada da vida.

Olho-te de soslaio, como se quisesse disfarçar a vontade de poder contemplar a tua silhueta, o detalhe dos teus contornos, a tua beleza. Finjo não ver como as sombras contornam tuas curvas, como a luz se faz difusa ao envolver os teus movimentos. Pergunto-me se serás encantamento? Ou desatino da minha maturidade? Se será verdade aquela electrizante sensação que me arrepia a pele ao perceber-te perto, tão perto que por vezes quero roçar a tua tez com a ponta dos meus dedos, quero perceber-te real, palpável, como jardineiro afagando as pétalas duma flor. Será isto amor? Não distingo entre a dúvida do que vivo e aquilo que sinto. Só podes ser ilusão, reflexo da minha emoção, da fragilidade das minhas penas, do vazio da minha alma. Será possível que te acorde tamanhos sentidos? Com a singeleza do meu espírito, com a simplicidade das minhas letras, com as minhas incertezas. Seguramente é tudo uma insana utopia! Senão, que outra coisa seria? Amor? Ou simples magia?

Arável é a pele que te veste, onde meus dedos semeiam palavras. Fértil é teu ventre onde planto a essência, debulho a fragrância e colho a espiga que me alimenta. Em teus seios faço crescer as árvores que cobrem as colinas íngremes da floresta que me acolhe. Na tua boca derramo um beijo, em cascatas desenhadas com a ponta da língua. Nos teus olhos navego, em mar salgado de lágrimas e choros apaziguados pela presença do meu olhar efémero. Construo-te, colocando cada pedra sobre a anterior, como se fosses templo sagrado onde venero a Deusa que carrega a tua Alma. É lá que deixo as oferendas, as preces e as ladainhas com que te adoro. Este sacro-santo querer não é tão-somente divinizante, é-o também luxuriante como o fogo que queima a pele, que dilata os poros e a pupilas dos olhos num arrebatamento de prazer. Mas, porque és muito para lá da forma, és muito para lá da mente ou do espírito, devo glorificar-te num todo, como Terra Mãe, semente e fruto, Amor, pureza e mácula, neste balanço imperfeito entre oração e pecado, entre certo e errado.

Confinado é o espaço do corpo que resiste à intempérie da vida, que soçobra à ventania dos dias e se afoga nas vagas dum oceano de indiferenças e falsas esperanças. É dentro deste invólucro, qual envelope apertado que a Alma comprime, como folha de papel que se desdobra

Absorvência

em milhares de páginas, livros inteiros de histórias e momentos, que não permite que este exíguo espaço a defina como pequena, fazendo-se tão vasta como o Universo. Sabes, esta magia indefinida, esta utopia ou loucura, é o equilíbrio de que precisas para seguir pela estrada do destino. Ser-te-ia incomportável suster em ti a vida, o sopro, o fôlego, a não ser por esta energia invisível que te anima, te faz gente e te faz sentir diferente daqueles que vês cruzar-se contigo. Perguntar-me-ás "-Onde inventas todas estas palavras?", eu responder-te-ei que não sei, que mora em mim uma força desconhecida, que alimenta as hélices dos moinhos da imaginação, faz mover as folhas das árvores como se fosse uma brisa silenciosa que se propaga pelo infinito ar da manhã. Este mistério que brota nos silêncios sob a forma de palavras, frases e pensamentos é incógnita sensação de levitação, de fascinação e, simultaneamente medo da incongruência, da loucura e do vazio, que me invade quando nada tenho a dizer.

Absorvência

A singularidade do toque produz um fluxo de energia ambivalente que se espalha como espasmo pelos corpos abraçados. Suspende-se o respirar, não vá o ar agitar-se e desvanecer o instante em que o barco encosta ao seu porto de abrigo, em que a emoção duma despedida anunciada é também a chegada duma paz almejada.

Absorvência

Pergunto-me de que traços é feito este desenho, que riscos delineia a curvatura desta parábola que crio, talvez sozinho, no meio da fértil utopia que é a imaginação. Será apenas fascinação pelo desconhecido? Empatia e confluência de sentidos, gostos e perspectivas que se partilham?

Facto é que por entre tecidos amarrotados, corpos comprimidos, o eco das palavras escuta-se como se num espaço exíguo se propagasse, na infinita direcção da Alma que o recebe, amplifica e afaga, como só ela sabe cuidar, como só ela sabe amar.

Depois, fica o silêncio, um certo descontentamento pelo fim do momento, e a música que soa baixinho, como melodia de fundo num vazio, o oco que permite o eco é também o espaço não preenchido que fica para sempre desprovido de pensamento... Não posso seguir por esse caminho, porque não quero enlouquecer nas contradições com que me confrontas, nas explicações que me apresentas sobre as minhas fantasias, ou, cairei morto no abismo, sucumbindo à sensibilidade de haver sido, sem ter de facto sido nada de mais.

Absorvência

Hoje queria escrever-te mas as letras prendem-me, não me deixam seguir a sequência dos sentires, não brotam como sementes, porque a terra árida não permite. Havia tanto para dizer-te, tanto para criar, neste mundo repleto de gente, que nem sei por onde começar. Dir-me-ás "-Começa por me abraçares!" e eu, na minha timidez vulgar, corarei e deixar-me-ei cair no teu abraçar. Hoje não sou Primavera, não sou terra semeada à espera de brotar, serei mais Outono, de parras a amarelar, folhas cadentes a rolar nas correntes de ar frio deste vazio que em mim quer habitar.

Choro, choro compulsivamente, e são os meus soluços, ocos prenúncios dum Inverno por chegar, porque o teu Sol deixou de me iluminar, e as chuvas, são as lágrimas que pela cara me querem rolar. Mas amar é isto mesmo, é estar constantemente insatisfeito, por não seres em mim presente, e chorar, profundamente, quando teu

Absorvência

corpo do meu está ausente. De que outra forma conjugaria o amor, senão com instantes de pura alegria, e momentos de profunda dor.

Sei que voltarás, porque as vidas são cíclicas e as almas infinitas moléculas que se refazem e voltam sempre ao lugar de partida, só assim me é permitido sarar esta ferida.

Percebo no teu olhar o choro, marcado pelo cintilar da luz na ondulação das lágrimas que se seguram para não cair ao resvalar da pálpebra. Percebo na expressão da tua face o desencanto, fruto duma árvore de sonhos que germinou e não conseguiu amadurecer nos seus ramos o apogeu dos seus sentimentos. Conheço este pranto, este silêncio concordante com que te vestes, percebendo que a ausência será acutilante, quase dilacerante, que rasgará por completo a Alma e finas faixas de linho que enrolarão de novo o teu corpo no sarcófago da vida.

Não alimentar o espírito é definhar em amarguras,

Absorvência

quotidianos sufocantes que paralisam os sentidos, deixam as lágrimas secas e os olhos gastos, fixos num infinito pardo que não nos transporta a lugar nenhum. Mas o medo, esse, paralisa-nos, por isso não te recrimino, pelo contrário, compreendo-te, silencio-me, para não fazer do vento tempestade, para não deixar à deriva a saudade que já me mata e trucida.

Sento-me, onde sempre estive, antes de me veres, no flanco direito do teu leito, espero que adormeças para te pintar os sonhos de cores.

Hoje sei quão infinito é o espaço que nos separa. Quão densa é a neblina que impossibilita a miragem. Não por que seja grande a distância entre as almas, que numa tangência periclitante, quase as funde, de tal forma que se confundem à distância. O que torna esta infinidade tão imensa, é a ausência do toque, da transpiração dos

Absorvência

corpos, do arrepio da pele ao roçar-se pelo outro. Este é o maior vazio que prevejo, que entendo como místico dissabor desta vastidão que não se preenche de forma alguma. Porque as palavras não sustentam a Alma e ela incessante, busca o corpo como sua morada.

Amargo destino quando nos leva de corpo em corpo, procurando a sublimação do éter, perecendo ao oxidante frenesim da vida que nesta cárcere de carne nos prende. Pergunto-me, quantas mais vezes tenho de morrer? Para libertar-me desta energia que do nada me esvazia tão lentamente. Diz-me! Sou a tua criatura! Aquela que em amargura, por vezes, te suplica que a leves para fora desta sequência alucinante de vidas que, em catadupa consome, no vício incontornável de encontrar o que não faz parte da sua sorte.

Misturo-me entre a gente, como que querendo ser real na loucura que me invade. Há tantos momentos em que não sei mais se estou aqui, ou se sonho ardentemente

Absorvência

ser finito, mortal e dorido como qualquer dos que se cruzam comigo. Não queria sentir este vazio avassalador, entre o instante em que fecho os meus olhos para seguir caminho pela vielas pardas da vida, e o momento em que os abro só para te ver.

Não sei mais o que fazer, se escrever ou dizer, se ser ou sofrer nesta amargura difusa que é penumbra em redor da minha sensível existência. Quase mais fácil é morrer, como dizias, porque realmente atingir a glória em vida é mais difícil que passar pela breve agonia da morte, que em segundos esvai o sangue e afoga os pulmões no oco momento de expiração. Sentiria expiados meus pecados com esse último e sôfrego suspiro, depois tudo seria mais leve, deixado o corpo inerte, a alma alçar-se-ia no éter do vento. Não haveriam mais lamentos, nem terias de ouvir-me lamentar, ou simplesmente chamar pela minha Santa Mãe do Céu. Por essa altura Ela já me afagaria os cabelos, como qualquer mãe faz a um filho rebelde que regressou para descansar.

Absorvência

Chamas-me anjo, acreditas piamente na pureza dos meus sentidos, na vontade intrépida do meu destino. Conheces de cor o meu lugar junto ao Criador. De mim falas como um deus, mas, saberás tu quão de mim é mortal? Conhecerás verdadeiramente os meus defeitos? Ou amar-me-ás duma forma tão ecuménica que mesmo os meus males são para ti virtudes?

Viver no corpo de um homem não é fácil, há toda uma guerra constante a ser travada, entre a depravação da masculinidade e a imaculidade do espírito. Não sabes a energia que despendo neste confronto entre mundos adversos, como é cauterizante esta batalha que por vezes me leva à exaustão.

Até os anjos têm um preço a pagar pelas asas que não envergam, pelas feridas que saram nos corpos alheios, pelas vidas que consertam. São eles próprios catalisadores do mal, que absorvem de quem os procura, incinerando o ódio com o próprio fogo do inferno, purificando-o, digerindo-o, envenenando o próprio corpo que habitam para sanar o do próximo. Ser

Absorvência

alento, dar esperança, incutir perseverança, é oferecer muitas vezes aquilo que não temos, contudo sabemos ser essa a nossa missão.

O meu espírito diáfano, é permeável aos sentidos, condoendo-se, contraindo-se e abdicando tantas vezes do destino que gostaria de seguir, para se aquietar e ficar, apenas ficar, para não magoar ou maltratar aqueles que lhe pedem para não partir.
Mas cresce em mim uma vontade agonizante de voar, de crescer para um vazio que me conduz a lado nenhum. Queria rasgar a razão, esse invólucro que me enleia como teia de aranha prestes a sufocar-me. Estas asas enrugadas que ainda marcam presença no homem em que me tornei, não servem para nada. Esta raiva que me inquieta, que me chateia e me entedia, faz-me ser displicente, por vezes arrogante e sobretudo desistente. Fecho o ser no cofre sagrado do entardecer, para deixar que a Noite o faça reviver como salvador de almas

Absorvência

perdidas, qual anjo-da-guarda que espera o teu sono para adentrar teu mundo e desenhar nele as alegorias que a tristeza não te deixa vislumbrar. Contudo, não me salvo, porque não sei nadar neste mar de interrogações, de interjeições, que me fustigam a existência.

Porque te escuto no escuro da Noite, no vazio do tempo sem fundo, onde as memórias são apenas papeis amarrotados sem nenhum conteúdo, sei de cor as tuas angústias, as tuas labutas e pesadelos mais profundos. Fala, diz-me tudo, porque neste desabafo encontrarás libertação para todo o desassossego que te invade o coração. Diz-me, porque em cada palavra dita quebra-se o ar e agita-se a energia que paira, mudando o futuro com o simples acto de falar. Confessa-te, como se não houvesse mais que uns segundos de vida no teu corpo, como se fosse eu teu último reduto e a partida estivesse iminente, só assim soltarás em ti toda essa gente que já foste, todo esse drama que convive com o passado

Absorvência

arrependido e com o presente dorido dos teus dias.

Eu sou o teu silêncio, aquele que paciente, te escuta, que não interrompe a tua lamúria e deixa que conduzas as palavras para os lugares certos, fazendo da oratória oração, e desta, prece que só prova a tua devoção.

Sei que viveste sempre na luz, por vezes escondeste-te nas sombras porque te parecia demasiado o brilho, porque temias não ser de todo entendida e porque afinal, foste mulher, de alma e corpo, com tudo aquilo que te faz diferente de todas as demais.

O tempo é um rio que no seu decurso nos arrasta, passam-se os dias, as semanas e os anos, passa-se a vida em demandas e ondas que ora nos elevam na sua crista, ora nos mergulham, no caos da rebentação, de encontra o fundo rochoso que nos fustiga o corpo. Mas,

Absorvência

é neste leito que percorremos, que encontramos por vezes as águas mornas dum lago, onde a paz impera e podemos respirar profundamente o perfume das açucenas. É aqui, neste jogo de contrastes entre a bravura das correntezas e a placidez do chilrear dos pássaros, que descobrimos o Amor, a beleza e a paz que precisamos para adormecer nos braços um do outro.

É aqui, rodeado por todas estas gotas de água que encontro, mergulhado no éter do prazer, o teu corpo em delírio, que descubro o toque suave, o tacto macio com que te acaricio, no rebordo deste rio tão cheio de vida. É pelo teu corpo que desço afinal, são tuas curvas e desfiladeiros que tumultuam o meu desejo e acordam as minhas vontades nos desfiladeiros mais agitados de ti.

Sou como o vento, em derivas constantes, agitações prementes que fazem do meu corpo uma volátil forma de ser gente. Sou a saudade constante, o vazio imenso e a tristeza que ri, persistentemente de si. Sou assim porque

Absorvência

não sustento dentro de mim o eco do sentimento, deixo-o livre como este vento, ora brisa calma de Setembro, ou vendaval de Janeiro, onde tudo é gélido e oco, como este frio que me percorre, em redemoinhos de vontade, que ora vão, ora voltam até chegar a eternidade. Gostaria de ser calmaria, num Agosto cálido e sereno, de ser sorriso sempre aberto, pensamento sempre iluminado e preenchido com a azáfama de quem sorri porque lhe apetece, de quem canta porque se atreve a espantar de si os males que teimam em afrontá-lo. Contudo sou cinzento, azul-escuro e demais tons de luto, porque em mim há um profundo e desconcertante abismo, que não se preenche, nem com anos de alegrias, ou carnavais de infâncias perdidas. Não vejais isto como um lamento, porque o amor é também tormento, dor dilacerante e saudade, que por pura vaidade comprimo contra o peito, não admitindo em mim tamanho sofrimento, fingindo ser um castelo que suporta por fora e por dentro as batalhas do tempo.

Absorvência

O que mais me seduz em ti é a placidez com que sorris, a forma clara como iluminas a sala, a atmosfera que invades com o perfume suave da tua presença. Pareces-te com a Primavera, quando chega após os frios húmidos dum longo Inverno, essa esperança renovada pelo renascer brilhante dos dias que se alongam como braços estendidos à espera de um abraço.

Gosto de me sentar no alpendre, à espera que chegues com o cantar dos pintassilgos, que aqueças o vento frio com teu morno suspiro e me envolvas num cálido beijo. Esta espera é reflexo da minha saudade, do meu desespero em ver-te chegar, porque o tempo avança, e temo um dia não estar.

Nas tuas ausências, entrego-me ao recordar, construindo as palavras, escrevendo as frases que te hei-de dedicar. Esta estranha forma poética de te dizer o que sinto, esta constante palpitação que me nasce na Alma e se propaga na eternidade da escrita, é o alimento da solidão, que guardo comigo nos livros que construo.

Um dia partirei contigo, e todo este legado será para sempre perdido no pó do salão, agora vazio.

Absorvência

Tantas são as vezes que piso as pegadas que deixaste na caminhada da vida, sigo pelo mesmo trilho, como sombra que projecta o teu corpo contra o chão, como brisa que te envolve e percorre vezes sem conta ao contornares mais uma esquina. Não percebes a minha presença, porque me faço invisível aos teus olhos, mas sentes-me, quando o vazio te assola, e o medo da vertigem te descontrola, sentes que te seguro pelos braços, que o meu corpo te envolve no regaço, quando choras e não vislumbras saída para os problemas.

Já conheces a minha voz, porque é ela que ecoa na tua mente quando te prendes em considerações, análises e deduções, sou eu que te falo, essa consciência que parece tão tua, é igualmente minha, porque esta partilha não se faz de dois, mas de um só ser.

Durante a noite, sou eu o pintor dos cenários dos teus sonhos, o actor que interpreta todos os papéis das tuas criações, e nos pesadelos, é a minha mão que se estende dos céus para te resgatar daquele medo que te persegue sem cessar.

Eu sou o teu espírito, uma voz da tua Alma, uma sombra

Absorvência

do teu corpo, um eco da tua voz, que te habita e te segue para onde quer que te dirijas.

O colapso da Alma dá-se quando o espírito se perde por entre intricados rios lamacentos, onde se arrastam a falta de discernimento e a displicência. Há um oco espaço negro, que absorve toda a luz deste pequeno universo, apagando a cada passo este descompassado ser que perde encanto e se desmembra em estilhaços. Não sei se o corpo chega a chorar, se há alguma lágrima que escorra para esse rio alimentar, sei apenas falar do vazio, dessa imensidão, desse frio que se propaga indefinidamente até que todo e qualquer sentido se esvaia. Dizem que o amor nos consome, que esta insaciável inconstância de sempre querer, mais e mais, torna-se tão megalómana que acaba por definhar o que a suporta numa autofagia esquizofrénica em que o morto caminha em direcção a lado nenhum, sem se aperceber que já perdeu aquilo que o animava.

Esta prelecção, nada mais é que um desabafo de algo que não faz mais sentido algum, que se disseminou de tal forma que não se encontra e lado nenhum. De que

Absorvência

adianta predicar se nada se tem a dizer? A quem importa a dor se esta não for sua? Se não a estimar e guardar dentro da pele nua. Falar da morte não se cinge a dizer que um corpo perdeu vida, mas sobretudo a anunciar a que faleceu uma alma.

Absorvência

Esta noite sentei-me no rebordo da tua cama, nas mãos carregava um livro sagrado, e fiquei ali quieto, a ver-te pairar sobre os sonhos, enquanto o corpo levemente envolto em tecidos te resguardava do fresco da madrugada. Li-te em silêncio sábios provérbios, ancestrais sabedorias que regeram mundos antes de nós. Senti que neste meu acto de contrição, não só velava o teu espírito, como embalava o teu sonho. Senti-me teu guardião, protector. Senti que com o Verbo digladiava as ameaças de sonos pesados e afastava as criaturas das trevas que sempre nos tentam quando não estamos despertos.

Não, não sou o exemplo de homem ao qual gostas de chamar anjo, muito menos terei laivos de alguma santidade ou deidade, o que me move é esta profunda e sentida fé no Espírito, na Alma e na bondade com que nascemos aos pés de nossas mães. Acredito piamente que a luz que nos habita à nascença pode ser mantida e alimentada ao longo da vida. Sem querer ser profeta, pregador ou ilusionista das palavras, defendo que há entre nós laços que falam no silêncio da Noite. Creio que eu te protejo e tu a mim me dá alento.

Absorvência

Percorri todos os teus corredores, desci às profundezas das tuas catacumbas, abri todas as tuas portas e fechei todas as tuas janelas. Li todos os livros que escreveste, escutei todos os pensamentos que tiveste, segui-te por todos os corpos que vestiste e contigo aprendi todos os segredos. Libertei a Deusa que te ilumina, lutei com a mais sombria criatura que te habita. Ouvi todas as tuas vozes, cresci no teu âmago. Morri contigo a cada vida, nasci-te dentro a cada aurora. Hoje somos num único movimento, a mão que dirige o corpo, o vento que nos sopra no rosto. Saber-te é muito mais que adivinhar-te, é tão-simplesmente conhecer-me.

Neste espaço, nesta dimensão, a carne é pó, o sangue apenas água que abençoa indefinidamente a eternidade que nos fez. Contruímo-nos, amparando as quedas de cada fragmento, redefinindo a estrutura noética desta incongruente força poética que nos ergue, como se fosso colossos, transcendendo universos e dimensões e fazendo do tempo apenas o espaço que separa as duas faces desta mesma moeda.

Esta insanidade, vertigem que me agarra à parte de

Absorvência

dentro de ti faz-me ser teu como nunca nenhum outro jamais poderá ser.

Enveredo pelo caminho estreito dos teus sentidos, como quem conhece de cor a vereda, como quem sabe onde chegar nesta busca. Sinto-te o perfume selvagem, aquela aragem vinda da floresta virgem dos teus pensamentos. Persigo o rastro do teu voo aleatório de borboleta acabada de desfraldar as asas. Não! Não pretendo aprisionar-te, apenas quero admirar a beleza incrustada nos desenhos atípicos das tuas cores, quero deslumbrar-me com a tua singularidade e deixar-me ficar, preso ao nada que nos une.

Sei que terei o constante e persistente destino de seguir em tua demanda, como quem quer chegar e nunca alcança, mas que, não desiste de sonhar com o instante em que as mãos se enlaçam e os corpos se encaixam num leve abraçar. Esse espanto que se apodera da boca ao soltar palavras imperceptíveis, quando a atmosfera se

Absorvência

volatiza e tudo em redor mergulha na ausência da existência, ficando apenas, nós dois, as sós.

Se tu soubesses quanto de ti faz parte da minha essência, acreditarias que sigo contigo, para onde quer que vás, mesmo quando parece que nada mais há, estou eu, e tu, nesta fugaz forma de sermos nós.

Absorvência

Viajo por entre os tempos, as nuvens são meu afago, a música o meu silêncio. Percorro as planuras do céu, em busca de luzes que me chamem, como vozes de sereias que à tona vêem. Mergulho no vazio, procurando preencher-me, caio em tentação para poder sentir o fogo dum inferno que não desejo, bebo do veneno, para poder morrer, mas a eternidade está impregnada nas asas que carrego. Por vezes imploro pela misericórdia dos mortais, uma vontade de perecer sem ter uma justificação qualquer. Se pudesse deixar de existir, entregar esta missão ao anjo mais próximo e apenas sucumbir, sentir-me-ia tão mais leve que qualquer pequena brisa me levaria, cinza, pó, em turbilhão, misturando-me à Natureza que me criou.

Há uma necessidade de alívio deste imenso peso que a minha Alma carrega, daria o que fosse por um instante de paz e tranquilidade, trocaria este corpo, entregá-lo-ia para incineração, para poder definitivamente voltar à origem simples e singela, ao tempo da criação.

Absorvência

Absorvência

O autor reserva-se o direito de não aplicar a este trabalho o novo acordo ortográfico, por opção.
Todas a imagens incluídas neste livro são de desenho do próprio autor. Todo o seu trabalho está disponível em http://www.aalmas.eu

www.ingramcontent.com/pod-product-compliance
Lightning Source LLC
Chambersburg PA
CBHW062225080426
42734CB00010B/2028